夜间节事及旅游价值实现

赵一静 著

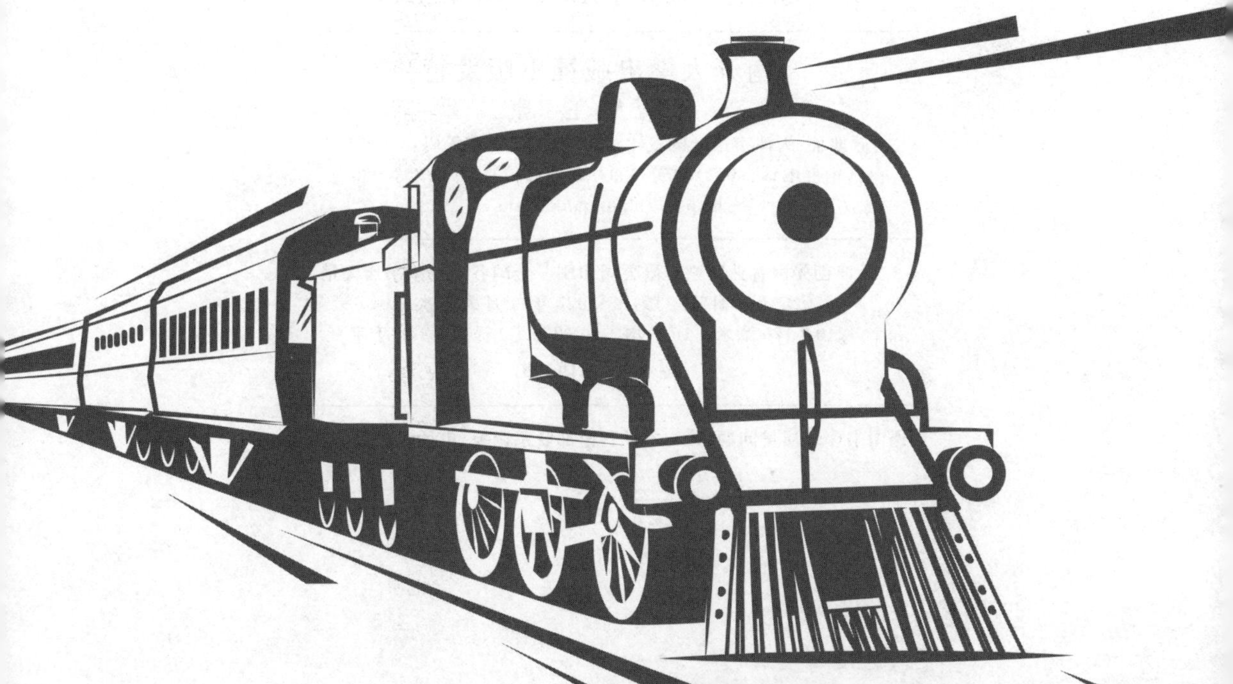

南開大學出版社
NANKAI UNIVERSITY PRESS
天 津

图书在版编目(CIP)数据

夜间节事及旅游价值实现 / 赵一静著. -- 天津：南开大学出版社, 2025.6. --ISBN 978-7-310-06754-1

Ⅰ. F592

中国国家版本馆 CIP 数据核字第 2025RH6102 号

版权所有　侵权必究

夜间节事及旅游价值实现
YEJIAN JIESHI JI LÜYOU JIAZHI SHIXIAN

南开大学出版社出版发行
出版人：王　康
地址：天津市南开区卫津路 94 号　　邮政编码：300071
营销部电话：(022)23508339　　营销部传真：(022)23508542
https://nkup.nankai.edu.cn

天津创先河普业印刷有限公司印刷　全国各地新华书店经销
2025 年 6 月第 1 版　　2025 年 6 月第 1 次印刷
240×170 毫米　16 开本　10 印张　2 插页　174 千字
定价：68.00 元

如遇图书印装质量问题，请与本社营销部联系调换，电话：(022)23508339

序 言
Preface

社会生产方式和社会交往方式的变化，使得大众夜间休闲和消费时间不断向后位移。大众消费时间向夜间转变，夜间消费习惯形成。夜间休闲需求的产生有着较深的社会根源。相对于白天，城市的夜晚拥有轻松舒适的环境、较好的休闲氛围和便利的公共服务，大众更容易获得休闲体验。以文化消费和旅游休闲为主要内容的我国夜间经济践行着拉动消费、促进投资、培育城市文化新地标的战略使命。夜间文化和旅游消费是消费主体不断突破时间约束、激活时间存量的结果，是通过概念导入和市场培育而成长起来的创新消费。

文化消费和旅游休闲是夜间经济的重要内容，但远不是夜间经济的全部，"文化+""旅游×"是放大夜间经济效应的必由之路。现当代人与人的连接更多的是人与手机的连接，人与机器的对话。人们在享受科技进步带来效率的同时，有意无意却忽视了那些承载人间烟火的商场、餐馆、茶馆、咖啡馆、菜市场等商业设施的存在。然而社会不可能是单向度的，只有通过丰富多彩的夜间文化活动、商业项目和旅游消费，让白天没时间消费的年轻人、没有地方休闲的老年人、没有热闹可看的少年儿童、愿意共享本地美好生活的游客重新回到街道上来，才是数字化时代重构城市活力的必然选择。

在2018年以前，大众旅游新时代的国民旅游需求正从"有没有"转向"好不好"，这就要求热点旅游目的地特别是标志性景区景点既要看持续增长的游客需求，更要看到日渐重要的品质诉求。那么多的游客急行军到达、长时间排队和走马观花式游览，严重影响了游客满意度和目的地发展质量的提升。为解决国民大众对美好旅行生活的需求与旅游供给不平衡不充分的矛盾，各地都在想方设法扩大投资，走增量拉升供给的路子。也有一些城市按照"主客共享"的发展理念，引导都市休闲资源与旅游市场相结合，走存量优化的路子。从结果来看，一些新开发的景区和新建设的项目或多或少都存在着市场认同度低、有效客源不足的问题。如何从单纯的增量供给和空间优化的思路中跳出来，转向非高峰时间特别是夜间热点区域和优质资源的再利用，培育都市旅游新动力，已经成为摆在旅游目的地管理者面前极为现实的课题。

近年来，夜间旅游的概念导入和夜间经济的外延拓展，成功引导了相当数量的社会投资和市场主体进入旅游领域，产生了有目共睹的经济效益和社会效益。发展夜间文化和旅游是扩大消费、倒逼供给侧结构性改革的现实要求；发展夜间经济是培育城市发展新动能、增强社会活力新元素的战略要求。但不是城市亮了，人就来了。当夜晚亮起来之后，如何吸引本地居民走出家门、外地游客到访成为困扰城市夜间经济发展的重要问题。即便是夜间经济发达的城市也经历过这样一个阶段。

"事件"作为区域经济发展战略，近几年逐渐受到重视，不少西方国家倡导"事件引致型"发展战略。纵观欧洲各国城市夜游的发展路径，高频、多样、优质的夜间节事能有效引起居民和游客的关注、适应并向往夜间出游，比如一些城市在满足基本的照明与亮化需求后，就进入了以夜间文化艺术活动引流的阶段。"博物馆之夜（Night of Museum）""文化之夜（Culture Night）""白夜节（Nuit Blanche）"和"灯光节"等节事品牌涌现于20世纪末的欧洲各国首都和主要城市，这些国际品牌节事的成功，使得夜间节事成为城市娱乐和旅游不断增长的特色、地域营销的重要工具、激活城市空间的有效途径。夜间节事的举办，不仅丰富了人们的夜间娱乐活动，还对促进区域文化交流、提高社区参与、创新城市形象等发展目标做出了不可小觑的贡献，这也是其区别于其他夜间休闲娱乐项目的主要特征。

节庆节事可以看作是在特定时间和地点，以庆祝或纪念特殊日子和事件，弘扬优秀传统文化、公共文化为目的，向大众提供日常生活之外体验，促进交流交往的社会活动。节日节事是优秀传统文化的重要载体,相关的纪念和庆祝活动也是假日旅游的重要吸引物,节事旅游已经成为文化和旅游深度融合、目的地建设和旅游业高质量发展的有效路径。夜间节事作为节事的细分领域,是节事时间范围内的特殊展现。目前国内关于此领域的系统研究还是空白,为了更好地扩展节事旅游研究、支撑地方和产业实践,本书围绕"夜间旅游""夜间节事""以灯为媒:传统民俗的当代活化""流动夜市:市井长巷展人间烟火""烟花灯火:情感寄托与庆祝共享""灯光节:科技与艺术的融合创新""文化遗产:民众的夜间分享""音乐演出:从剧场到广场""戏剧演艺:文化记忆的活态传承""狂欢巡游:以年轻的名义"展开对于不同类别夜间节事的解析。除了对夜间经济、夜间旅游发展的剖析阐释外,本书重点分享了国内外不同类别的优秀夜间节事案例赏析、对比研究和成功经验,对于想要了解这个领域的读者来说具有阅览价值。从学术价值角度,本书首次系统地研究了夜间节事旅游,拓展了旅游研究领域,为夜间节事研究提供理论基础,同时也丰富了节事研究的理论体系。从应用价值来看,本书全面探究了世界各地知名夜间节事,对其经济、文化、社会效益和成功路径进行深入分析,为国内旅游目的地夜间旅游、夜间节事建设的开展提供模式和范例。

目录 Contents

第一章　夜间旅游　　/001
　　一、夜间经济是消费时间位移的产物　　/001
　　二、关于"夜间"范围的争论　　/002
　　三、夜间旅游已经成为大众旅游新需求　　/004
　　四、已升级的需求和未开发的蓝海　　/006

第二章　夜间节事　　/011
　　一、中国人亘古至今的节日情节　　/012
　　二、节事的概念与内涵　　/013
　　三、什么是夜间节事　　/015
　　四、节事的旅游价值　　/016
　　五、旅游节事的分类管理和培育经验　　/019

第三章　以灯为媒：传统民俗的当代活化　　/021
　　一、灯会的历史传承与当代实践　　/021
　　二、国内灯会案例　　/025
　　三、国际灯会案例　　/033
　　四、灯会的当代活化　　/035

第四章　流动夜市：市井长巷展人间烟火　　/039
　　一、古代的夜市　　/039
　　二、近现代夜市　　/043
　　三、国潮夜市　　/046

第五章　烟花灯火：情感寄托与庆祝共享　　/049
　　一、烟花节　　/049
　　二、国内烟花节案例分享　　/050

三、国外烟花节分享　　　　　　　　　　　　　　　　/052
　　四、烟火为介的夜间节事　　　　　　　　　　　　　　/056

第六章　灯光节：科技与艺术的融合创新　　　　　　　/061
　　一、现代灯光节的起源特征　　　　　　　　　　　　　/061
　　二、国内外灯光节案例分享　　　　　　　　　　　　　/063
　　三、灯光艺术节战略探索　　　　　　　　　　　　　　/071

第七章　文化遗产：民众的夜间分享　　　　　　　　　/073
　　一、博物馆之夜　　　　　　　　　　　　　　　　　　/073
　　二、白夜节 Nuit Blanche　　　　　　　　　　　　　　/081
　　三、文化之夜 Culture Night　　　　　　　　　　　　　/086
　　四、艺术之夜　　　　　　　　　　　　　　　　　　　/091

第八章　音乐演出：从剧场到广场　　　　　　　　　　/097
　　一、音乐节历史沿革　　　　　　　　　　　　　　　　/097
　　二、国际音乐节成功案例分析　　　　　　　　　　　　/099
　　三、国内音乐节案例分析　　　　　　　　　　　　　　/106

第九章　戏剧演艺：文化记忆的活态传承　　　　　　　/115
　　一、戏剧节历史沿革　　　　　　　　　　　　　　　　/115
　　二、国内外案例解析　　　　　　　　　　　　　　　　/116

第十章　狂欢巡游：以年轻的名义　　　　　　　　　　/129
　　一、狂欢节历史沿革　　　　　　　　　　　　　　　　/129
　　二、狂欢节案例解析　　　　　　　　　　　　　　　　/130

参考文献　　　　　　　　　　　　　　　　　　　　　/139

第一章 夜间旅游

一、夜间经济是消费时间位移的产物

夜间经济并不是一个新生事物，中国自古有之，据考证萌芽于汉代，兴起于唐代中晚期，到宋代打破宵禁制和坊市制之后兴盛一时。汉代的夜间经济表现形式多为乡民的传统习俗和民族间贩运贸易。唐朝前期实行坊、市制度，市区交易时间有严格的限制，夜间不准交易；唐朝后期，坊市制度开始逐渐瓦解，商贩的经营时间已经打破了白天和黑夜的限制。北宋建立以后，坊市制度彻底打破，居民面街开肆，东京城内普遍出现了"夜市"与"早市"。"如要闹去处，通晓不绝。"南宋临安更是中国古代最早的不夜城。夜市经元代的低迷之后，到明清时期再续繁华。

国际上夜间经济这一专有名词，源自20世纪70年代英国为改善城市中心区夜晚空巢现象提出，后又延伸出"24小时城市"。随着经济的发展、科技的进步，发达国家城市进入了景观照明阶段，许多城市更加注重景观照明城市功能与文化相匹配。当城市的夜晚亮起来之后，如何吸引本地居民走出家门、外地游客到访本地是困扰每个城市的难题。一些城市进入以夜间文化艺术活动引流的阶段，例如法国的里昂灯光艺术节、哥本哈根的文化之夜、巴黎的白夜节等。截至2019年10月，国际上明确发布夜间经济政策的城市超过四十个,国际上许多发达城市的夜间经济进入繁荣发展阶段。

社会生产方式和社会交往方式的变化,使得大众夜间休闲和消费时间不断后移。大众消费时间向夜间转变,夜间消费习惯形成。夜间休闲是当地居民休闲生活的需要,国民休闲时间的减少促使消费模式逐渐由日间消费向夜间消费转变。近十年,我国居民工作时间稳中有升、休闲时间不断减少;2017年我国国民除去工作和睡眠时间,每天平均可支配的休闲时间仅为2.27小时,且休闲时间多集中于夜晚时段。中国旅游研究院专项调查数据显示,晚6—10点为夜间旅游的高峰时段,占比达到77%。夜间消费的形成,催生了一种新的经济形式"夜经济",这是夜间旅游产生的背景。

夜间休闲和消费需求的产生有着较深的社会根源。相对于白天,城市的夜晚拥有轻松舒适的环境、较好的休闲氛围和便利的公共服务,大众更容易获得休闲体验。紧张工作、学习和劳动了一天的市民需要释放压力,越来越多的人愿意选择夜晚休闲活动。很多城市也通过灯光、置景、多媒体等渲染手法,在休闲街区为市民和游客打造多角度的场景化环境,营造多维度的休闲空间。对于工薪阶层而言,朝九晚五的工作节奏很容易让人感慨"阳光下的城市是别人的,月光下的城市才是自己的"。心理学告诉我们,人们在夜晚时的情感更加丰富细腻,夜间色彩氛围具有高强度的感染力,通过视觉符号的沟通特性,容易唤起共鸣。以文化消费和旅游休闲为主要内容的我国夜间经济,已经进入国民经济和社会发展的战略体系,夜间经济不仅要满足城乡居民吃喝玩乐的基本需求,更要以文化引领全面建成小康社会的美好生活新需求。文化消费和旅游休闲是夜间经济的重要内容,但远不是夜间经济的全部,"文化+""旅游×"是放大夜间经济效应的必由之路。

二、关于"夜间"范围的争论

那什么时间是夜间旅游呢?在国外,夜间旅游并没有获得研究者的过多关注,关于夜间旅游的研究主要围绕城市经济与社会学展开;国内对夜间旅游的研究兴起于21世纪初,起步较晚,对夜间旅游的定义尚未统一,主要集中于"夜间"范围的界定。以时间角度划分,曹新向认为夜间是相对于日间而言,夜间旅游指的是游客在19点到24点的旅游活动;黄玉梅指出各地日落时间不同,夜间旅游应是日落到深夜这一时段以休闲为主要内容的各种活动。岳超以旅游者标志性活动将夜间旅游定义为游客从开始晚餐到就寝之间的时段内所进行的各类旅游和休闲活动。国际上对夜间旅游并没有明确的定义,郑钢焕在对夜间节事旅游的阐述中指出夜间节事是主要旅游活动集中于夜晚的节庆节事,相比日间节事旅游,其娱乐性和日逃特征更显著。

1. 夜间旅游的概念

目前,对夜间旅游的定义更多是将旅游简单划分为白天和夜晚,而忽略了夜间旅游产生的本质及游客夜间出游所需的条件。基于夜间经济和旅游的概念内涵,结合闲暇时间理论及消费者行为学,本书认为狭义的夜间旅游可定义为游客利用晚6点以后的闲暇时间在目的地所进行的体验活动。广义的夜间旅游可看作是游客在夜晚时段与旅游目的地的人、事、物所发生一切关系的总和。

2. 夜间旅游的外延

根据夜间旅游的特征属性所反映的对象和范围,夜间旅游的外延主要有下列几个方面:

以欣赏发光体景观为主的"夜景观光旅游",简称"夜光之旅"。夜景观光旅游中的自然发光体常见有极光、月光、星光、萤火虫和夜光藻等,以挪威芬兰的极光之旅、泰国的萤火虫森林、澳大利亚和中国福建的蓝色大海等为典型代表。而人为的发光体主要包括灯、光/光影秀/光雕、火/蜡烛、烟花等,以香港幻彩咏香江、桂林的"两江四湖"、开封的宋都水系工程为典型。

以参与体验夜间开放为主的景区景点的"景区夜游"。如迪士尼乐园的夜间巡游、亚特兰大植物园的 Chihuly in the garden 和新日国旅(HI.S

已经开发的"天坛夜宴"等。

以参加体验夜间节事为主的"夜间节事旅游"。夜间节事指核心内容集中于夜晚举行的节事活动，代表性夜间节事如自贡灯会、哈尔滨冰雪节、欧洲博物馆之夜、法国白夜节、里昂灯光艺术节、哥本哈根文化之夜等。

"城市夜间文化艺术休闲游"起源于欧洲，通常以城市为中心，以博物馆、美术馆、展览馆、教堂广场等文化艺术建筑资源为依托，通过延长其开放时间，融以光影秀、光雕、灯光交互装置，加入文化艺术表演、休闲娱乐活动等元素引导新夜间城市文化的旅游项目，如丹麦哥本哈根、法国巴黎、里昂、英国伦敦和韩国首尔等城市都成功将夜间节事常态化，实现城市中心夜间文化艺术休闲游，引领新的夜间文化。

以欣赏夜间实景演艺、舞台演艺、参与沉浸式旅游演艺为主的"夜间文化旅游演艺体验游"。传统的夜间演艺包括舞台演艺、实景演出等，如以《印象刘三姐》为创始的印象系列、《宋城千古情》、《长恨歌》等。文化旅游演艺迎来了新的变革，游客已经不再满足于只做观众，互动体验已经成为新需求，新的模式沉浸式旅游演艺关注度不断提高。沉浸式旅游演艺被认为是沉浸式娱乐的一种，通过科技手段、文化内容和演出元素，给予游客视觉、听觉、味觉、嗅觉和触觉等多维度的演艺活动体验。

以体验目的地街区夜间餐饮、购物、娱乐和休闲为主的"街区夜游"。这种街区或综合体通常兼顾日间和夜间的休闲功能，具备餐饮、购物、电影院、剧院、酒吧、娱乐等多个业态，如巴塞罗那兰布拉大道、北京王府井、上海南京路、成都宽窄巷、南京夫子庙、台北士林夜市和开封鼓楼夜市等知名旅游街区。

三、夜间旅游已经成为大众旅游新需求

1. 夜间旅游需求的潜力

在2018年以前，大众旅游新时代的国民旅游需求正从"有没有"转向"好不好"，这就要求热点旅游目的地特别是标志性景区景点既要看持续增长的游客需求，更要看到日渐重要的品质诉求。那么多的游客急行军到

达、长时间排队和走马观花式的游览，已经严重影响了游客满意度和目的地发展质量的提升。为解决国民大众对美好旅行生活的需求与旅游供给不平衡不充分的矛盾，各地都在想方设法扩大投资，走增量拉升供给的路子。也有一些城市按照"主客共享"的发展理念，引导都市休闲资源与旅游市场相结合，走存量优化的路子。从结果来看，一些新开发的景区和新建设的项目或多或少都存在着市场认同度低、有效客源不足的问题。

如何从单纯的增量供给和空间优化的思路中跳出来，转向非高峰时间特别是夜间热点区域和优质资源的再利用，培育都市旅游新动力，成为摆在旅游目的地管理者面前极为现实的课题。

相对于白天，城市的夜晚拥有轻松舒适的环境、较好的休闲氛围和便利的公共服务，游客更容易获得休闲体验。很多城市也在通过灯光、置景、多媒体等渲染手法，在休闲街区为市民和游客打造多角度的场景化环境，营造多维度的休闲空间。在景区景点白天拥堵"推力"和都市夜间休闲品质"拉力"的共同作用下，都市夜游的有效需求已经形成了一定规模。夜游产品的"色彩情感"和"超时空"特质与现有日间旅游产品形成互补，满足游客的审美诉求和情感诉求。夜游产品跨越了时间和空间的限制，赋予日间旅游资源全新的内涵，增强游客对异地生活的融入感和品质获得感。夜间旅游是大众消费模式向夜间转变和旅游消费结构优化升级后，国民旅游多元化和品质化诉求的产物。游客消费结构的优化升级，国民旅游呈现多元化和品质化特征。日益增长的夜间经济以及游客消费需求的转变，使游客越来越关注旅游产品的时间含量和体验质量。夜间旅游与日间旅游的互补特性，满足了游客旅游多元化的需求。

2. 蓬勃发展的夜间旅游消费

2019 年的中国夜间经济实现了 0 到 1 的突破，夜间旅游需求不断释放，发展正当其时。2020 年在双循环新格局下，成长初期的我国夜间经济快速生长，需求蓬勃兴起。随着国民经济发展和休闲时间后延，国内夜间消费需求不断释放。中国旅游研究院与银联商务大数据实验室数据显示，2019

年国民夜间消费金额占比26.81%、夜间消费笔数占比23.8%，2019年的国内夜间消费相较2018年无论从消费金额还是笔数，占比都有显著提升。2020年受新冠疫情影响，夜间消费规模及占比整体收缩；但随着疫情防控常态化，2021年（1—10月）国民夜间消费不论是消费金额还是消费笔数都基本恢复到疫前水平。夜间文化休闲已经成为不可或缺的存在，且每个月都会进行线下夜间文化和旅游消费。夜间文化休闲模式多元，文化和旅游消费潜力仍在持续积累。

夜间旅游这种创新型消费带来的不仅是消费规模的扩大，更是夜间消费结构的变迁和产品谱系的拓展，当消费需求变动时，市场主体乃至全部产业竞争的都是消费偏好，通过对夜间旅游消费偏好特征研究，夜间餐饮和交通费用占主导，休闲文娱和演出演艺等发展型消费也日益凸显。商圈、街区与文化场馆是夜间文化和旅游消费的主要场景。调研显示，选择都市商圈与休闲街区为主要夜间文化和旅游消费场所的受访者占50.1%，博物馆、图书馆、文化馆、美术馆等文化场馆也受到消费者青睐，占比达48.4%；此外，疫情散点出现导致中远程旅游市场受限，城郊和乡村夜间休闲也进入了消费者夜间文化和旅游的选择范围，并且占比超过了居民社区、旅游景区与主题公园／文商旅综合体。休闲放松仍是大众对夜间文化和旅游消费的最主要诉求，但也有相当一部分群体开始关注文化艺术和情感诉求，同时追求自我的群体也开始凸显。大众夜间文化休闲偏好分层显著，青睐文化熏陶、艺术体验和观影赏剧等重付费项目的群体凸显，但倾向文化场馆和群众文化体验等低成本项目群体依然占重要地位。夜间旅游消费总体满意度较高，但供需错配问题依然显著，除旅游产品本身外，信息不对称亦是重要影响因素。大众对于夜间旅游的总体满意度较高，但夜间购物、夜间餐饮、夜间文娱等方面还有较大提升空间。

四、已升级的需求和未开发的蓝海

自2019年着力发展夜间旅游以来，夜间经济产业的发展引起了社会各界的关注。从阶段特征来看，我国夜间经济的发展先后经历了2019年"正当其时"、2020年"逆势起飞"、2021年"韧性成长"、2022年"生生不息"、2023年"充满期待"的复杂发展历程。

我国夜间经济的成长历程具有复杂性，面对2019年旺盛的夜游需求和行业新蓝海，相关产业本应高歌猛进，却被迫放缓了发展步调。三年大环境虽不易，但需求的内生动力驱动这一领域韧性成长，并且取得了一系列瞩目成绩。聚焦中国旅游研究院《2023中国夜间经济发展报告》的九组数据看发展：我国夜间经济的社会认知度达到87%，有95%的调研对象具有夜间出游意愿。截至2023年8月底，我国共出台358项省部级及以上相关政策保障夜间经济的发展；2023年5月18日国际博物馆日，一级博物馆夜间开放率达到33.3%；5A级景区夜间开放率为56.74%，培育243家国家级夜间文化和旅游消费集聚区。2023年，夜游市场规模预估为1.57万亿。

我国夜间经济产业的发展和大众社会认知深度的加深，离不开政策上的积极保障。中国旅游研究院《2023中国夜间经济发展报告》数据显示，自2018年起，我国省级及以上夜间经济相关政策进入高度密集发布的阶段。近两年夜间经济政策出台数量呈现放缓趋势，发文主体更加多元化，精准化将是未来政策所向。截至2023年8月底，共出台省部级及以上夜间经济专项政策46项，高度相关政策312项，总计358项。从2019与2020—2023夜间经济政策词云图对比来看，政策内容由自上而下垂直传导向多维探索转变，文化引领始终是各地发展夜间经济的政策核心，品牌建设开始成为政策导向。2019年的夜间经济政策以消费、经济、文化等为关键词；2020—2023年的夜间经济政策以夜购、旅游、文化、品牌建设等为关键词。

夜间旅游发展呈现常态需求与柔性供给。当下，景区依然是夜间旅游的主要消费场景。与2020年相比，2023年5A级景区夜间开放率提升33.9%，增速为148.7%；4A级景区夜间开放率提升17.8%，增速为87.3%。越来越多的景区加入夜间运营开放的队伍中，夜间开放率的提升能更好地满足民众日益增长的夜游常态化需求。文化场馆夜游的常态化需求已经凸显。据不完全统计，2023年一级博物馆在周末、特殊时间、博物馆日的夜间开放比例较2021年均有显著提高；在2023年5.18博物馆日，有33.33%

的一级博物馆在夜间开放。这说明文化场馆在不同时间会适时调整夜间开放时段，采取柔性供给的方式更好满足大众夜游需求。夜间旅游受便利的夜间市政基础设施、安全的夜间氛围和成形的夜间旅游吸引物等限制，起初主要集中于东部、南部发达经济区域和热点旅游景区。当前，国家级夜间文化和旅游消费集聚区达 345 个，且分布区域遍布全国范围，起到了示范引领作用，满意度稳步提升。本地居民和游客获得感全面且显著提升，为夜间消费潜力释放奠定了坚实基础。相比 2021 年，2022 年国家级夜间文化和旅游消费集聚区在夜间安全卫生环境、整体消费性价比、总体产品和服务质量等方面的满意度均有所提升；重游可能性和推荐亲友到访的可能性增加，表明游客对国家级夜间文化和旅游消费集聚区的夜游忠诚度也有所提高。

  这五年，我国夜间旅游从认知唤醒到价值主张。由于夜间经济的信息量和传播渠道有限，大众对夜间经济的普遍认知为"夜市"或"灯光秀"，夜游场所只是景区景点。此时，大众的夜间经济活动处于被动地位，即生产决定消费的阶段。随着信息丰度增加和信息渠道逐步打开，大众开始突破过往对夜间旅游、夜间经济的认知局限，获取信息的方式从被动接收向主动搜寻转变，夜间消费需求迅速扩张。夜间旅游专项调研结果显示，87%的调研对象对近年来夜间经济的发展变化有了显著感知。有效的夜间产品和信息供给，使大众在夜间休闲氛围、夜间休闲场所、夜间消费产品、夜间消费业态等方面的变化提升感知明显，大众对夜间旅游、夜间经济的认知逐步被唤醒，此阶段的供给初见成效。随着夜间产品的增多和业态的丰富，大众开始对产品的功能性提出了更多需求，消费者有了自己的价值主张。从 2023 年中国旅游研究院专项调研结果来看，满足文化艺术诉求（32.8%）、品质优良（32.7%）、自我实现（30.9%）、满足情感诉求（24.8%）、物有所值（21.6%）等成为消费者对夜间休闲消费和旅游产品的主要价值诉求。夜间经济发展五年来，从最初零零星星的夜游目的地到如今全国大面积发展，目的地夜生活/夜游塑造形象趋同、缺乏品牌、特色不鲜明等也成为快速发展带来的问题。要保持夜间经济可持续发展，城市夜经济发展的战略性和统筹力还有待提升；在夜间消费分层分级已显现的情况下，市场供需的精准匹配问题也逐渐凸显。

面对已经升级的需求，寻找未开发的蓝海成为未来五年夜间旅游发展面临的重要挑战。

第二章 夜间节事

现当代人与人的连接更多的是人与手机的连接、人与机器的对话。人们在享受科技进步带来效率的同时，有意无意忽视了那些承载人间烟火的商场、餐馆、茶馆、咖啡馆、菜市场等商业设施的存在。然而社会不可能是单向度的，只有通过丰富多彩的夜间文化活动、商业项目和旅游消费，让白天没时间消费的年轻人、没有地方休闲的老年人、没有热闹可看的少年儿童、愿意共享本地美好生活的游客重新回到街道上来，才是数字化时代重构城市活力的必然选择。

不是城市亮了，人就来了。当夜晚亮起来之后，如何吸引本地居民走出家门、外地游客到访成为困扰城市夜间经济发展的重要问题。即便是夜间经济发达的城市也经历过这样一个阶段。纵观欧洲国家各城市夜游的发展路径，高频、多样、优质的夜间节事能有效引起居民和游客的关注、适应并向往夜间出游，比如一些城市在满足了基本的照明与亮化需求后，就进入了以夜间文化艺术活动引流的阶段。"事件"作为区域经济发展战略，近几年逐渐受到重视，不少西方国家倡导"事件引致型"发展战略。"博物馆之夜（Night of Museum）""文化之夜（Culture Night）""白夜节（Nuit Blanche）"和"灯光节"等节事品牌涌现于20世纪末的欧洲各国首都和主要城市，这些国际品牌节事的成功，使得夜间节事成为城市娱乐和旅游不断增长的特色、地域营销的重要工具、激活城市空间的有效途径。夜间节事的举办，不仅丰富了人们的夜间娱乐活动，还对促进区域文化交流、提高社区参与、创新城市形象等发展目标做出了不可小觑的贡献，这也是其区别于其他夜间休闲娱乐项目的主要特征。

一、中国人亘古至今的节日情节

节日是民间自觉沿袭和官方倡导下合力形成的特定时日，感恩、祈福是古代中国节日的两大主题。传统节日厚植于中华民族的精神家园和文化情怀之中，在增强民族凝聚力和国家认同、维护社会和谐稳定方面发挥着重要作用。从现代社会学角度审视，节日之所以能够将个人组织为家族或集体、将集体聚合社会，是因为节日为社会个体之间的交往提供了必要的平台。唯有在特定的节日，社会个体交往互动的内容才会呈现一致性，如春节贴春联包饺子、端午赛龙舟包粽子，才能不断形成归属感、认同感和共同体意识。

节日是全民参与的文化创造，节庆节事是节日文化内涵、文化符号载体、庆典仪式的有机整体。在现代社会的话语语境里，我们提到节庆时，会通常习惯理解为传统民俗文化节庆。而现当代节事（FSE, Festival & Special Event）实际上是包含了节庆和创新型节日事件活动。哲学家韩炳哲曾说："由于节日的存在，时间不再是一连串飘忽即逝、仓促的时刻。人们在庆祝节日时，如同巡视一个空间，逗留其中。在这一意义上，庆典时刻是永恒的。"

我国在20世纪80年代提出"文化搭台，经济唱戏"，希望从产业经济的角度挖掘节日文化的经济价值，四川自贡灯会、湖南浏阳花炮节、哈尔滨冰雪节和青岛啤酒节就是早期地方政府依托这种创新思路对节庆节事的成功探索。但是大部分地区忽视了节庆开发所需要的科学战略和专业运营，只是依托一些粗放的展览展演，无限追逐短期利益，将节日文化肤浅化表层化，破坏了节庆文化生态，也使大众对节庆节事印象片面负面，政府和产业信心受损。早期过分强调经济利益的探索，损伤了节庆活动赖以生存的文化内涵、民族基础和民间感受。

所以，在过去很长一段时间，被大众诟病日渐冷清的节日氛围，只有日期没有庆祝的节日，只有线上热闹没有线下交互，"生活需要仪式感"的呼声凸显，延续节日公共交往的平台功能愈发重要。节日活动缺乏时代感、节日庆祝活动单一、节日庆祝场所或项目缺乏、节日缺少仪式感、节日文化载体形式偏老旧等是大众认为"缺少节日氛围"的主要原因。继承节日公共交往的平台功能且兼具时代感的节事，正在成为大众日常休闲和外出旅游的新需求。尤其是在全国法定节假日这个团聚和出游的最佳时间，游客需要更多"品质内容""文旅融合新场景""主客共享新空间"。

二、节事的概念与内涵

Getz（1991）将节事定义为以休闲、旅游和文化为主题的公共庆典；Wunenburger（1978）强调节事的传统性礼仪性，常常以季节循环、宗教仪式、特定历史事件等形式呈现；Cox（1970）提出节事是一种可以表达受压迫和被忽视情绪的社交机会，并强调"逃避主义"在节事定义中的重要性；Haug（1989）认为节事是新现象，是能超越空间和日常生活的活动，给人自由、幸福和乐趣之感。戴光全（2005）提出节事为节庆和特殊事件的统称，英文简称FSE（Festival and Special Event）。郑钢焕（2015）基于多年的节事研究，指出节事是每年特定期间内反复举行，在现当代比起祭祀性更强调娱乐性特征，以纪念庆祝公共文化或地区传统文化为目的，向地区居民和游客提供脱离日常生活经历的活动。对于节庆节事的定义，需要了解这一概念有什么样的内涵特征，公共性、仪式性、时间性和逃逸性是众多学者、业者在研究和从事节庆节事时讨论的重点。

公共性：节庆节事是具有主题的公共庆典，是通过各种活动向参与者和访客传达特别意义的公共仪式。这一概念主要是强调节庆节事的公共属性，主要由事件学和旅游学领域的专家和业者提出，并且节庆节事的公共功能能给地方政府和本地居民带来多种效益。从居民的角度看，节事提供休闲功能、提升地方形象，并且增加地区居民认同感、自豪感；从地方政府角度来看，公共聚集有助于促进消费和增加税收，并且助推居民团建、社会福利和巩固社会结构。

仪式性：人类学家和民俗学家认为节庆最初是作为纪念传统文化、宗教仪式的一部分，但进入现代社会之后，节事的仪式性就表现在"庆祝或纪念"特殊时刻或特殊事件。随着时间的推移，节庆节事在保留一些传统仪式元素的基础上，逐渐融入地方文化、现代文化和社会习俗，演变成为庆祝或纪念地方文化的重要形式。这种演变过程不仅丰富了节事的文化内涵，也使其成为表达地方社会规范和价值观的重要形式。

时间性：节庆节事是纪念和庆祝节日、纪念日和特殊时刻的文化活动、旅游活动、群众活动。专家定义节事时强调更具体的时间框架，大多数节事在特定时间段每年重复举行，同时时间性也体现了节事具有计划性和连续性。

逃逸性：节事的逃逸性或者曰逃性主要是由人类学和社会学学者提出的，并且逃逸性体验被认为是节庆节事的重要组成部分。节事通过其特殊的氛围和活动，创造出一个与平时完全不同的世界，使参与者能够暂时逃离平日工作生活压力，体验到解压感和自由感。向社会大众提供体验和感受逃离日常生活的机会，这也是节庆节事重要吸引力之一。

总体来说，节事是在特定时间和地点，以庆祝或纪念特殊日子和事件，弘扬优秀传统文化、公共文化为目的，向大众提供日常生活之外体验，促进交流交往的社会活动。根据节庆节事属性、共建主体、筹办目的，旅游节事可以划分为"宣传推广型旅游节事"和"产业导向型旅游节事"。宣传推广型旅游节事是依托当地独具特色和有影响力的文化和旅游核心吸引物，为提升旅游目的地品牌形象、扩大市场影响、推进旅游业发展而进行的节庆节事活动。产业导向型旅游节事是以推进特定产业的发展为主要目标导向，依托节庆节事创造与文化、旅游、会展链接的场景活动，在为居民游客提供休闲体验的同时，也能为更多市场主体提供创业创新空间，有效推动产业要素创新、产业链延展或者产业边界拓宽的产业基础良好的旅游节事。

三、什么是夜间节事

夜间节事作为节事的细分领域,是节事时间范围内的特殊展现,为核心活动发生在夜间的节事或特殊事件。根据夜间节事依托的对象和范围,其外延可分为六大类:灯会、流动夜市集市、烟火节、音乐节、光影艺术节、戏剧演出类节事、夜间文化艺术节和狂欢型夜间节事。表 2-1 展示了每种类型的具体组成部分,以及来自世界各地的代表性节事案例。

表 2-1 世界知名夜间节事分类

类型		夜间旅游产品名称/代表性城市
灯会		自贡灯会、南京秦淮灯会、哈尔滨冰雪节、韩国晋州南江流灯节、新西兰奥克兰元宵灯会、日本小田原纸灯节
流动夜市/集市		北宋开封、南宋杭州;江苏国潮夜市、后备箱集市、广西南宁、西双版纳景洪夜市
烟火节		加拿大蒙特利尔国际烟花节,美国独立纪念日烟花节,澳大利亚悉尼新年烟花节,韩国浦项国际烟花节,迪拜烟火盛典;彝族火把节,美国黑石火人节,泰国水灯节,日本"小樽雪灯之路"
光影艺术节	灯光节	香港幻彩咏香江,日本仙台 Pageant of Starlight;新加坡"时光之翼",法国里昂灯光节
	光雕类节事	美国 Dillsboro Festival of Lights & Luminaries,意大利 Santa Domenica centenario,日本神户,韩国富川
音乐节		美国 Coachella Valley 音乐艺术节、西南偏南音乐节(SXSW)、丹麦 Roskilde Festival、英国 Glastonbury Festival、EDC(Electric Daisy Carnival)、Nocturnal Wonderland
戏剧演出类节事		奥地利 Bregenz Festival、英国爱丁堡军乐节、法国阿维尼翁艺术节、伦敦西区艺术节、百老汇周、埃德蒙顿国际边缘戏剧节
夜间文化艺术节	博物馆之夜	德国柏林 Long Night of Museums、英国 Museums at Night
	白夜节	法国巴黎、加拿大蒙特利尔、澳大利亚墨尔本
	文化之夜	丹麦哥本哈根、爱尔兰都柏林、韩国首尔
	艺术之夜	赫尔辛基艺术节、意大利"粉红之夜"、俄罗斯"红帆节"
狂欢型夜间节事节	狂欢节/夜间巡游	巴西里约狂欢节、法国尼斯狂欢节、美国新奥尔良狂欢节、迪士尼夜晚花车巡游
	啤酒节	德国(慕尼黑)啤酒节、青岛国际啤酒节

四、节事的旅游价值

节日节事是优秀传统文化的重要载体，相关的纪念和庆祝活动也是假日旅游的重要吸引物，节事旅游已经成为文化和旅游深度融合、目的地建设和旅游业高质量发展的有效路径。

节事旅游通过节日文化的现代重塑、地区特色文化的当代再创造，重构文化资产和文化软实力，培育旅游发展新动能。节事是优秀传统文化的创新载体和创新表现形式。如传统灯会、花炮、戏剧曲艺、古代服饰这种中华文化艺术工艺的瑰宝，都是节事探索实践的重要领域，更成为年轻一代了解、传承与创新的渠道。已经成功举办十届的乌镇戏剧节，聚焦"戏剧、音乐、电影、集市"等模块，依托戏剧节产品迭代和差异壁垒形成自身文化软实力，在为海内外专业戏剧从业者和青年爱好者提供专业研习平台的同时，也形成了浓厚的戏剧生活氛围，造就了游客口中"一样的古镇，不一样的乌镇"。节事需要与历史对话，但更要共创未来。

节事不但是文化资产经济价值实现的创新路径，更是文化和旅游深度融合的产物。英国、美国、荷兰等部分欧美国家民众为纪念著名作家查尔斯·狄更斯，依托其文学作品创造了"狄更斯节"。其中荷兰代芬特尔小镇居民将自己装扮成狄更斯笔下900多个人物形象，在街头再现维多利亚时期的社会场景，每年平均吸引世界各地游客12.5万人，使这个人口不足十万的小镇成为旅游胜地。

节事旅游是目的地营销和品牌培育的重要手段，是促进城市再生和乡村振兴的有效路径。节事能够提升城市知名度和影响力，尤其是奥运会、世博会、世界杯和城市大型事件（mega-event）。Vivid Sydney是悉尼为了平衡冬季旅游淡季打造的系列节事，2023年23天的活动期内吸引访客390万人，国际节事旅游套餐售出同比上升1483%。聚焦"light、music、idea"三大核心主题的Vivid Sydney溢出效应显著，促成悉尼成为第二个"节事之都"，重塑富有创造力、创新力的形象，吸引了更多企业入驻与产业投资。美国沃斯堡艺术节（MAIN ST. Fort Worth Arts Festival）和深圳节日大道都是通过文化艺术和商业业态植入解决城市中心区空心化的成功探索。

节事旅游也经常被用来解决城市化进程加快带来的乡村消失问题，20世纪中后期的日本就是依托艺术节事带动旅游发展，促进乡村振兴。"越后妻有大地艺术节"历经20年7届，共邀全球100多个国家和地区的约700多名艺术家、建筑师和设计师与本地居民共同创作作品，用艺术手法重塑乡村价值，保护和传承本地文化工艺，提升乡村文化魅力和旅游吸引力，使该区域彻底摆脱负面形象，被誉为"没有屋顶的美术馆"。

节事旅游的消费牵引和产业力量促进旅游业高质量发展。传统展览展演型节庆已不能满足当代游客的需求，有可消费体验的场景、休闲文娱体验、文化内涵丰富有深度和创新创意项目是游客对目的地节事的关注重点。节事需求持续升级牵引旅游供给提质增效，促进供需更好匹配。现代节事也正在从单一的门票经济转向复合型消费场景和体验经济发展，最具代表性的就是音乐节。国际头部电音品牌EDC除具备前沿创意和专业音乐人外，以艺术、科技、娱乐等多个舞台和主题体验区重点满足观众观演前后的休闲诉求。EDC雏菊电音节已经在近十个国家30多个城市举办过，拉斯维加斯2012年3天举办期内吸引游客34.5万，创造了2.07亿美元经济收益和2018个工作岗位。节事旅游依据不同城市底色可开发定制主题，为更多市场主体提供创业创新的试练空间，为地区特色产业创造与文化、旅游、会展链接的场景，为寻找优质项目的社会资本提供投资孵化新风向，进一步推动旅游产业升级。

从国际经验看，共建主体、资金政策、行业模式和商业逻辑是节事旅游的成功关键。政府、企业、社会机构多元主体共建是节事成功举办的基础支撑。提供关键服务的多部门合作也是重要保障，如美国艺术基金对全美户外艺术节调研显示，公园、社区街道、文娱、警察和卫生等公共机构间协作非常关键。公共补贴、公益和产业基金、相关市场主体支持和自身营收是节事资金的主要来源。各国公共补贴也多为各级政府的各类专项基金，如美国、意大利、法国、日本的文化艺术基金、文化遗产基金、文化恢复基金、大型节事活动基金、博彩基金等为节事举行护航，当然这类基金的来源也并非单一财政，还包括社会捐赠和产业投入。节事发展模式和商业逻辑是可持续运行的关键，各国众多节事的成功路径可以梳理总结为四种模式：依托地方优势和特色产业的地区开发模式（美国得克萨斯州现代农业嘉年华、韩国锦山人参节、威尼斯拯救节）；紧跟市场需求的主题创意模式（俄罗斯红帆节、韩国大田治愈艺术季）；节事利益相关主体共创共建模式（意大利pink night、荷兰狄更斯节）；商业化运作、品牌化发展、轻资产输出模式，如国际夜间节事品牌Culture Night、Nuit Blanche和欧洲博物馆之夜。

表2-2 国际不同类别代表节事共建主体和资金来源梳理

节事名称	举办主体	资金来源
法国阿维尼翁艺术节 Festival d'Avignon	艺术节董事会：国家省区市四级政府及七位戏剧艺术家。	·55%的资源来自多级政府公共补贴； ·38%来自自身收入（门票销售、赞助商、合作伙伴、演出销售等）； ·8%来自其他收入（投资、专项资金）
加拿大渥太华冰雪节 Winterlude	1979年—2012年国家首都委员会（NCC）；2013年起加拿大遗产部主办	·加拿大遗产部及各级政府资金资助 ·企业和OLG国有博彩机构 ·收费活动项目收入
德国慕尼黑啤酒节	慕尼黑市劳动经济事务部组织（RAW）	·租金：商铺摊位、游乐设施、帐篷等 ·产品销售：啤酒和食品 ·广告赞助和合作伙伴
韩国锦山人参节	锦山郡主办、锦山节事观光财团承办	·韩国文化体育观光部、道郡政府资金 ·企业资助 ·参展费和摊位租金
巴西里约桑巴节	里约热内卢特级桑巴学校独立同盟（LIESA），市旅游局	·联邦政府、州市等多级政府资金资助和国有企业资助 ·广告赞助和合作机构 ·门票 ·周边产品售卖 ·花车冠名商
英国狄更斯节	梅德韦市议会	·政府基金：市议会、镇政府 ·英国国家彩票基金会 ·社会捐款 ·企业赞助
日本越后妻有大地艺术节	十日町市、津南町政府 NPO越后妻有里山协作组织	·日本文化厅、康乐及文化事务署、艺术推广办事处 ·公益财团、振兴财团和多项基金会 ·市场主体和机构捐赠/赞助 ·门票和商品销售
EDC雏菊电音节	母公司Insomniac	·母公司Insomniac投入 ·企业赞助 ·地方政府支持 ·门票收入

注：图表内容根据各个节事报告研究梳理

五、旅游节事的分类管理和培育经验

韩国是亚洲国家中较早关注旅游节庆节事产业化发展的国家，早在1995年就由文化体育部正式颁布了《文化旅游节事培育政策》，明确了为8大节事提供旅游推广发展资金、海外推广、节事咨询等培育支持内容。随后几年通过评价制度、选定标准、等级评定等政策的推进，扩大了节事财政支持额度和规模。2008年之后，韩国节事旅游发展愈发成熟，开始实行分类管理制度；为了增强地方节事的自生能力和竞争力，文化体育观光部正式实行了"文化旅游节事日落制度"。连续3次或总共7次被指定为文化旅游节事，将终止财政支持，对于已终止支持的韩国代表节事，将通过韩国观光公社进行海外宣传和节事营销等方式进行间接支持。

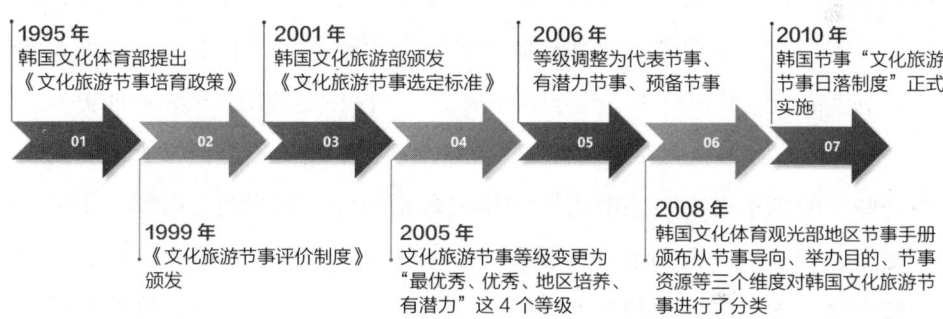

图2-1　韩国文化旅游节事培育政策时间导图

韩国文化体育观光部地区节事手册颁布，从节事导向、举办目的、节事资源三个维度对韩国文化旅游节事进行分类管理。节事导向维度分类：第一，内向型，即通过节事激发当地居民的爱乡情怀和历史意识，旨在增进地区团结、和谐以及培养社区意识；第二，外向型，即基于地区特色，强调地区振兴和产业发展，以自然环境或社会经济环境为基础吸引游客，宣传地方并促进地方经济发展；第三，双向型，即通过内向型活动促进地区发展并确立身份认同感及归属感，同时追求地区对外发展。节事举办目的维度分类：居民和谐型、产业型、特殊目的型、教育型、文化福利型、旅游导向型、传统传承型、竞演竞技型等8类节事。节事资源维度分类：生态自然、文化艺术、传统历史民俗、地区特产、竞演产业运动（体育）5类节事。

澳大利亚政府联合会理事会出台了《活动与节事管理政策》，对澳大利亚公共区域举办的节庆节事进行分类管理，分为商业活动和节事、社区活动和节事、理事会活动和节事、在公共土地上的私人活动和节事等4类。在节事培育方面，澳大利亚推出专项政策《澳大利亚节庆计划》，对偏远地区和高质量文化艺术类节事进行经费支持。资助标准根据节事的质量、可达性、合作伙伴、经济效益4个维度评估，选拔具有竞争力的节事获得资金补助。商业活动和节事主要目标是盈利，审批和管理较严格，需要详细的商业计划和安全措施；社区活动和节事非营利，注重社区凝聚力，审批流程简化，地方政府可能提供支持；理事会活动和节事由政府主导，公共资金支持，旨在促进文化和旅游，管理更为规范；公共土地上的私人活动和节事需获得政府许可，遵守条件限制，支付相应费用，私人责任更多。

除韩国、澳大利亚外，其他国家虽然大多没有统一的全国性管理制度，但一些主要都市都有节事节庆活动相关政策制度，如纽约、巴黎、悉尼、多伦多、墨尔本等大都市均设置有"节事管理办公室"（Event Office）负责城市的节庆节事管理和发展。国际上出台的关于节庆节事的管理和财政资助政策大多集中在文化、艺术、遗产、社区活动等类别。

2004年爱尔兰艺术理事会设立了《小型节事计划》，为所有小型节事组织者提供资金赞助；2008年《节事和活动计划》（FES），对不同节事活动（短期季节性活动和小型节事）提供资金支持；2017年，在FES的基础上，更新推出《节事投资计划》（FIS），加强对节事战略投资。美国国家艺术基金会（NEA）提供多个资助项目支持艺术和文化活动，包括艺术节、音乐节和戏剧节等，资助内容涵盖艺术创作、社区项目和艺术教育等。英国英格兰艺术委员会通过多种资助计划支持全国各地的艺术节和文化活动，资助内容涵盖项目开发、社区参与和艺术展示等。

第三章 以灯为媒：传统民俗的当代活化

亘古至今，彩灯、灯会一直都是夜间节事庆典活动中不可或缺的部分，也是传统民俗文化及情感得以传承的媒介。以灯为媒将传统民俗活化于当代社会，不仅能够实现传统文化传承，丰富当代文化体验，也能够促进社会凝聚与认同，激发创新与创造力，拓展文化交流与对话，为社会的文化发展和进步注入新的活力。

一、灯会的历史传承与当代实践

1. 历史悠久的我国灯会

自古以来，随着元宵节的逐渐成熟，灯会也不断发展壮大。在历史上，汉、唐、宋、明等各个时期，元宵节的庆祝活动时长有所不同，汉代为一天，唐代为三天，宋代为五天，而明代延长至十天，自初八一直持续至正月十七的白昼市场，夜间则举行盛大的灯会。灯会的形成和发展与元宵节等传统节日密切相关，灯会约始于汉，兴于唐，盛于宋，其节期与节俗活动随历史的发展而延长、扩展。历史上对于元宵灯会的来历说法不一，关于元宵放灯、燃灯起源有多种说法，大部分都是精英阶层的活动，随着灯会成为一种节日活动，逐渐进入寻常百姓的生活中，成为一种流行的时尚、文化和娱乐活动。《西都杂记》中说，汉代两都长安城有执金吾负责宵禁，"晓琪传呼，以禁夜行"，唯有正月十五夜晚，皇帝特许执金吾弛禁，前后各一日，允许士民踏月观灯。这就是元宵节时许多地方写有"金吾不禁"的由来。正月十五元宵夜灯火大张、彻夜通明的庆典仪式与当时的制度有直接关系。

"汉家常以正月上辛祠太一甘泉，以昏时夜祠，到明而终。"是《史记·乐书》中记载的汉武帝正月十五元宵夜，在宫中遍燃灯烛，此夜取消夜禁，即所谓"放夜"，京城居民可以通宵活动。

隋唐时期"开宵之禁"使元宵张灯观灯习俗进入成熟期。据《隋书·柳彧传》所述，"窃见京邑，爰及外州，每以正月望夜充街塞陌，聚戏朋游，鸣鼓聒天，燎炬照地，人戴兽面，男为女服，倡优杂技，诡状异形"，可见各种张灯、观灯等各种元宵节习俗在隋代已经成熟。隋炀帝时期，大开元宵之禁，政府开始管理元宵张灯游玩的活动，使灯会规模不断扩大。后人又称"今人元宵行乐，盖始盛于此"。《资治通鉴》载：大业六年（610）元宵，炀帝"于端门街盛陈百戏，戏场周围五千步，执丝竹者万八千人，声闻数十里，自昏至旦，灯火光烛天地，终月而罢，所费巨万，自是岁以为常"。自此，端门灯火闻名于世，连外国使者都来观赏。

在唐朝这个国力雄厚、开放繁荣的历史时期，元宵节迎来了重大发展，而灯会也成了元宵节的标志性活动。《唐会要》中的《燃灯》记载："每载依旧正月十四、十五、十六日开坊市燃灯，永为常式。"为了方便百姓通宵欣赏灯会，"禁民夜行"宵禁制度也被废止。晚唐的李商隐听说京城长安举办盛大灯节，而自己不能前去观赏所以甚感遗憾，故写《正月十五夜闻京有灯，恨不得观》诗："月色灯光满帝都，香车宝辇溢通衢。身闲不睹中兴盛，羞逐乡人赛紫姑。"元宵节的诗至今仍脍炙人口的应首推唐武后朝苏味道的《正月十五夜》："火树银花合，星桥铁锁开。暗尘随马去，明月逐人来。游伎皆秾李，行歌尽落梅。金吾不禁夜，玉漏莫相催。"这首诗描写了唐代洛阳城里灯节之夜的热闹景象。据《大唐新语》和《两京新记》记载，唐代每年灯节这天晚上，洛阳城皇城前都要大放花灯；前后三天，夜间照例不戒严，灯会人山人海。

宋代的灯会和夜间生活呈现出多样而繁荣的特征。在这个时期，灯会成为一种盛大的社会庆典活动，不仅有着丰富多彩的灯饰和装饰，还包括各种民间表演和娱乐活动，如灯山、灯彩、舞龙舞狮等。与此同时，夜间生活也日益繁荣，城市街道灯火通明，各种商业和社交活动在夜晚兴盛进行，人们在夜间享受文化娱乐、社交交流的机会也增加了，夜间生活呈现出独特的活力和魅力。《燕翼诒谋录》记载，宋太祖赵匡胤曾于乾德五年正月甲辰颁布了一道诏书，诏书上说：上元节张灯以往只有三夜，现在国家平静，百姓安乐，又赶上今年五谷丰登，正宜举国欢庆，纵士民行乐。遂令开封府延长节期，再放十七、十八两夜灯，后遂为例。从这个时候起，就把唐朝每年元宵节的三夜灯期改成五夜了。《祥符县志》提到北宋都城元宵节的时间："'上元'，汴梁灯之盛也。宋太祖诏曰：'朝廷无事，年谷屡登，上元可增十七、十八两日。'于是，十四日曰'试灯'，十五日曰'正灯'，十六、十七日曰'续灯'。"孟元老著《东京梦华录》中记载得较为详细。孟元老说，东京开封自冬至以后，开封府就下令着手操办在皇城的前面搭设灯山。灯山与皇城的宣德楼门相对峙。从正月初七灯山上开始上彩，顷刻"金碧相射，锦绣交辉"。南宋时，灯会时间增为六夜，农历正月十三就开始放灯。南宋吴自牧在《梦粱录》中记载："正月十五日元夕节，乃上元天官赐福之辰。"宋代宋敏求在《春明退朝录》中记载："上元观灯……本朝太宗时，三元不禁夜，上元御乾元门，中元、下元御东华门，……游观之盛，冠于前代。"从中可以看出，宋时不但上、中、下三元灯节均张灯，而且这不只是民间自发组织的，连皇帝在灯节登临哪座城门楼观灯这样的细节，都有明确的规定。宋代，元宵灯会达到了前所未有的盛况，灯具材质多样，制作更加精巧。例如，苏州的琉璃灯以五彩琉璃制成，刻画着山水人物、花卉禽鸟，栩栩如生。福州的白玉灯则以珍贵的白玉为材料，造型精巧、莹白剔透，在灯光照耀下更加夺目。另外，后来出现的新安"无骨灯"，则是以绢布做内衬，经过烧制的琉璃灯，整体透明，映射出绢布上的色彩图案，异常精巧。

尽管元代官方严禁元宵节期间张灯活动，但民间仍偶有自发组织的元宵节活动。明代，元宵节放灯的时间甚至延长至十夜，从正月初八晚一直持续至正月十七晚，灯火不曾熄灭。《明会典》载："永乐七年诏令元宵节自正月十一日起给百官赐假十日，以度佳节。"元宵灯会的时间自永乐年间延长为整整十日，以示歌舞升平，是中国历史上最长的灯会。自明代起，秦淮就有繁华的灯市，《金陵岁时记》记载："府县学前、评事街，皆灯市也。……惟明角之制有三星、八仙、聚宝盆、皮球、西瓜、草虫、金鱼之类，楼船则以碎玻璃条为之。壁灯中有人物各种，惟走马灯最极灵巧。"《如梦录》也记载明代开封的灯会情况。清朝虽然基本沿袭了明代的旧制，但是元宵节张灯时间一般只有五夜，据《燕京岁时记》"灯节"条记载："自正月十三以至十七均谓灯节，惟十五日谓之正灯耳。"清代只有正月十五才是正节放灯，而且政府不再同以往一样在元宵灯会与民同乐，而是分设宫内放灯与民间自行放灯。

2. 文化科技时尚融合的现代灯会

过年赏灯是中国人延续千年的风俗与习惯，亦是中国人春节特有的仪式与浪漫。春节不用忆往昔"花市灯如昼"，张灯结彩的欢庆重回身边。各地灯会点亮春节假日夜游市场，已经成为重要的夜间文化休闲与旅游产品，并呈现出文化载体丰富、科技创新融合、体验业态多元的特征。

灯会是庆祝春节、元宵节的重要民俗活动，是弘扬优秀传统文化的重要载体，也是对外文化贸易的重要产品。大唐不夜城"诗意长安"灯组成为陕西西安夜游的热门打卡地，一首首唐诗挂满枝头，千年雁塔旁、灯光璀璨里，众多游客赞赏"一步一诗，是西安专属的底蕴与浪漫"。彩灯一直都是我国夜间庆典活动不可或缺的内容，也是传统民俗、文化、情感得以传递的重要媒介。在各地灯会中，四川自贡灯会和江苏南京夫子庙秦淮灯会历史较长、规模较大。秦淮灯会已开办38届，集灯展、灯会和灯市于一体，通常持续50多天供全国各地游客观赏体验。相较于北方灯会的气势恢宏，夫子庙旁、秦淮河畔的灯会因滨水多了一份灵动婉约。自贡灯会已迎来第30届，以灯为业不断延伸彩灯产业链条，也促进了彩灯文化、彩灯产品和彩灯技术人才的国际输出。

传统艺术技艺与现代技术深度融合，造就了经典与时尚并存的现代灯会，满足了全年龄层的赏灯需求。科技成为近年来众多灯会的亮点，无论是新的技术融合、新的材料运用还是新的场景创造，都体现着科技创新对于现代灯会的支撑。以"山海奇豫记"为主题的上海豫园灯会，凭借对AR技术的创新运用，以"灯会+元宇宙"的虚实结合脱颖而出。整个灯会以《山海经》为背景，利用现代技术融合非遗技艺、打造了集线上线下交互沉浸体验于一体的东方美学盛宴，吸引了众多休闲寻趣的游客和热衷国潮艺术的年轻人前来赏灯。2023年自贡灯会的彩灯匠人将一幅幅儿童兔子画作变成真实彩灯，让小朋友对传统技艺产生兴趣。文化赋能、科技创新，传统彩灯融合现代技术和时尚美学走入大众生活与旅游场景，形成点灯人、观灯人的共振共鸣。

主题鲜明、体验沉浸与业态多元的灯会提升了春节假日夜游的参与感、温度感。许多人对于儿时灯会的记忆，除了穿新衣、看花灯、赏烟花，还会有猜灯谜、吃糖葫芦，那些简单的快乐无不伴随着温馨与感动。为满足广大游客"寻找过去的年味"，不少灯会纷纷再现旧场景、再造老物件、再品传统美食。市场属性更强的主题公园和旅游度假区也纷纷引入灯会与烟火秀，主题性和趣味性吸引了不少家庭春节假日二次出游。灯会的内容与元素也越来越丰富，博物馆、美术馆、科技馆等文化艺术空间植入，各种主题IP室内乐园与户外娱乐设施加盟，剧场秀、微演艺、音乐节、主题巡游等时尚娱乐引入，文创集市、特色餐饮、美食夜市、沉浸式游船的适时设置，使得灯会成为春节假日里重要的夜游集聚地之一。

二、国内灯会案例

1. 产业力量雄厚的自贡灯会

自贡灯会是四川省自贡市春节至元宵节期间举办的重要民俗文化盛会，以灯火、焰火、装饰和光影为主要表现形式，展现了深厚的中国传统文化和四川本地习俗。这一活动源远流长，起源可追溯至汉唐时期，距今已有近千年历史，自1964年自贡市政府首次举办迎春灯会至今，已连续举办了

30届。每年的灯会都以不同的主题为核心，内容涵盖灯组展示、美食文化节、元宵晚会、艺术展览、特色民间文化表演、猜灯谜、文艺演出、博览会、展销会、推介会及产业对接洽谈会等。自贡市委、市政府高度重视这一活动，1988年成立市灯贸委，专门承办自贡国际恐龙灯会，推动了灯会向规模化、专业化、节庆化和产业化方向迈进，实现了全面发展。在2019年之前，灯会通常在自贡彩灯公园举办，持续时间约为30至70天。这期间，灯会官网提供详尽的住宿和交通信息，极大地便利了游客和当地居民的参观和旅游消费。同时，自贡灯会拥有完善的城市智慧交通系统，确保在每年灯会期间市区即使涌入大量游客，交通运输依然顺畅。自2020年起，自贡灯会搬迁至自贡中华彩灯大世界，新的举办地增加了访客承载量，提升了活动的可参与性和可达性。

灯会消费带动能力强，彩灯产业链完备。自贡灯会除了以观灯作为核心产品外，还开发演出、美食、夜市、民俗活动等体验产品，满足观众赏灯需求的同时夜间休闲消费需求。受益于灯会举办，宾馆、饭店、餐饮业、旅游景点的收入均有较高增长。自贡灯会官网数据显示，灯会开幕至元宵节期间，沙湾饭店、檀木林宾馆等市内各高、中档宾馆、饭店客房出租率超九成。此外，灯会期间，自贡各旅游景点同时受益，盐业历史博物馆和恐龙博物馆的门票收入均为上年同期的三倍。此外，自贡灯会的成功举办为当地招商引资做出了巨大贡献。自贡灯会催生省级文化基地2个，包括2年内共投资306亿元建设完成的"中华彩灯大世界"园区（275亿元）和"方特恐龙王国公园"（31亿元）。自贡灯会在国内打响名气的同时，也积极销往海外，被中宣部、商务部等六部委授予全国13家四川唯一的国家文化出口基地称号。

自贡灯会培育了全国独有的灯彩产业、花灯产业，自贡灯彩产业的市场占有率稳居全国前列，并且远销海外。在灯彩这项产业链条上，自贡不仅拥有上游的技术研发企业、原材料供应商，还有中游的工艺制作企业，下游的零售商、展销商和灯会活动企业。截至2019年，灯彩产业相关业务注册公司750余家，年产值达到48.5亿元。自贡灯会产业链创造大量工作岗位，其中拥有彩灯技术的工人大量输出海内外，为城市振兴做出了极大贡献。

表 3-1 2017—2023 年自贡灯会访问人次

访问年度	2017 年	2018 年	2019 年	2020 年	2021 年	2022 年	2023 年
访问人次（万）	197	174	126	20	108	90	120

数据来源：由官网数据整理而来

以灯光为文化表达媒介，自贡灯会展现了显著的文化效益。传统的制灯工艺与现代科学技术在此相得益彰，为灯会文化与技术的传承与发展注入了新的活力。自贡灯会作为中国灯会文化的重要代表之一，在融合传统文化与现代科技的过程中，呈现了丰富多彩的文化内涵和地方特色。从制灯工艺的传承到创新，自贡灯会不断挖掘并发展彩灯艺术的独特魅力。在保留彩灯民族风格、审美情趣以及剪纸扎糊技巧的基础上，还引入了现代光电技术，如激光全息片、逻辑集成控制器、数控器件译码器等，使得传统彩灯艺术焕发出全新的活力。自贡灯会的彩灯制作过程不仅融合了手工艺术与现代机械技术，更深层次地展现了传统文化与科技的交融。这种独特的制作工艺既体现了对传统文化的尊重与传承，也展现了对现代科技的运用与创新。因此，自贡灯会不仅是一场文化盛宴，更是传统与现代、艺术与科技相互交融的典范。自贡灯会所展现的文化效益不仅体现在其独特的艺术表达方式上，更体现在其对地方经济、旅游业的积极促进上。作为自贡重要的文化品牌之一，灯会吸引了大量游客前来观赏，为当地旅游业带来了可观的经济收益。同时，灯会也成了当地文化传承与创新的重要平台，推动了地方文化产业的发展与壮大。因此，自贡灯会不仅是一项具有深厚文化内涵的传统活动，更是促进地方经济发展与文化传承的重要力量。

自贡灯会作为中国传统彩灯文化的杰出代表，不仅在社会效益方面显现出深远意义，更通过其品牌化和社会影响的显著提升，树立了自贡城市形象，并在国内外赢得了广泛赞誉。自 1990 年首次登上国际舞台，自贡灯会便赢得了"天下第一灯""自贡灯会甲天下"等殊荣，成为中国传统文化的闪亮符号。2002年,国家旅游局(现文化和旅游部)将自贡灯会确定为全国两大民俗活动之一,2008年更将其列入国家级非物质文化遗产名录,这一系列荣誉的加持,不仅展示了自贡灯会在民俗文化领域的卓越地位,也为自贡市的文化产品出口提供了有力支撑。2008年"自贡灯会"还被列入第二批国家级非物质文化遗产名录。2010年,自贡文化产品出口占四川省近50%的市场份额。截至2012年,自贡有8家企业获得"国家文化产品出口重点企业"荣誉,其中有7家主营或涉及彩灯的制作、展出业务,成为四川省除成都外获此殊荣最多的城市。同时,自贡灯会的成功举办促进了市政建设和城市面貌的提升。每届灯会举办前,自贡都会对市政设施进行大规模的清理和整改,加大对城市亮化、美化工程的投入,同时竭力改善城区交通环境。自贡的城市面貌焕然一新,市容市貌也得到了显著提升。

　　自贡灯会在经济、社会、文化和城市品牌等方面均展现出显著的效益和影响。首先,在经济方面,通过培育灯会品牌、延长灯会产业链等举措,自贡灯会促进了当地旅游业和文化产业的繁荣发展。灯会的举办不仅带动了本地旅游消费,还为当地企业提供了商机,推动了相关产业的发展,增加了地方财政收入。其次,在社会方面,自贡灯会为当地居民提供了文化交流和娱乐活动的平台,增强了社会凝聚力和文化认同感。通过充分利用网络平台搭建科学交通管理体系和旅游信息系统,灯会的组织和管理更加高效,游客出行更加便利,进一步提升了社会满意度和参与度。再次,在文化方面,自贡灯会作为中国传统文化的重要展示窗口,传承彩灯制作技艺和民俗文化,弘扬了中华民族的传统文化价值观念,为文化传承与创新提供了有力支持。同时,通过延长灯会产业链,促进了传统文化与现代科技的融合,推动了彩灯艺术的创新与发展。最后,在城市品牌方面,自贡灯会通过打造独特的城市文化品牌形象,提升了城市的知名度和形象。自贡作为中国传统彩灯之乡的地位得到了进一步巩固,成为具有国际影响力的文化名城之一。这些成功路径不仅为自贡灯会的持续繁荣提供了重要借鉴,也为其他地区的文化节庆活动提供了宝贵经验和启示。

2. 消费牵引突出的秦淮灯会

秦淮灯会的历史可追溯至东晋和南朝时期。自唐代起，元宵节灯会正式成为民间习俗，并迅速扩大规模，同时，南京秦淮河畔的民间艺人开始专门从事彩灯制作。到了北宋时期，元宵节的灯会时间延长至正月十七、正月十八，持续五夜。1034年，南京夫子庙的建成使得秦淮河畔成为观灯胜地，夫子庙地区的灯会也随之迅速兴起。明朝初年，朱元璋为营造盛世氛围，大力倡导元宵节盛事，使得秦淮灯会进入发展的黄金时期。即便在清朝时期，这一地方习俗仍然得以延续和发展，并且比明朝更加繁盛。然而，1864年，清朝湘军攻入南京，城市设施遭受了严重破坏，元宵节的灯会习俗受到了冲击。为了恢复昔日的繁荣景象，曾国藩于1865年疏浚秦淮河，重建了部分夫子庙建筑，使得灯会习俗再度焕发光彩。民国时期，普通民众无力赏玩花灯，元宵节的张灯和观灯习俗几近消失，直到1949年新中国成立后才逐渐恢复。20世纪60年代，元宵节的灯会热闹程度已基本恢复。1985年，南京秦淮区政府在春节和元宵节期间恢复了每年一度的"金陵灯会"，在夫子庙大成殿和明德堂举办，重续了历史传统。

秦淮灯会具有鲜明的主题性和完善的空间规划。以2019年灯会为例，拥有明城墙风光带、白鹭洲公园、夫子庙核心、东干长巷、门东、大报恩寺遗址、十里秦淮河风光带和秦淮源头溧水等八个不同主题的灯展区，每个区域凸显独特的地域特色和文化底蕴。明城墙风光带展区，通过灯光勾勒出古城璀璨辉煌的历史画卷；白鹭洲公园展区以江南水乡特色为灵感，借助灯光和水景的交融营造出一片唯美梦幻的湿地景观；夫子庙核心展区则集中展现了儒家文化的深厚底蕴与传统庙会的热闹气氛；东干长巷、门东、大报恩寺遗址等展区则分别呈现出南京城市的不同历史风貌和文化遗产，将古老与现代、传统与现代艺术完美融合；十里秦淮河风光带展区和秦淮源头溧水展区，则通过灯光艺术和景观装置，展示了秦淮河流域丰富的生态资源和浓厚的地域文化。公共气氛区的设置则通过灯彩和亮化的形式，点亮了整个城市，呈现出欢庆中国年的氛围。同时，精心设计的点、线、面的布局串联起各个展区，使得整个灯会成为一幅充满活力的城市画卷。

这种科学规划与细致设计不仅丰富了游客的文化体验，也为当地文化的传承与发展注入了新的动力。

秦淮灯会作为一场特大型、开放性的群众聚集节庆活动，带来的旅游消费和经济效益不言而喻。秦淮灯会的大数据及价值指数显示，第31届和第32届灯会的累计参与人数分别超过了1.2亿人次和1.3亿人次，其中外地游客占比超过半数。而秦淮灯会更是远赴亚洲、非洲、欧美40多个国家和地区，成为代表秦淮、代言南京"走出去"的文化使者，是南京影响最广泛的名片之一。在观灯的过程中，国内外众多游客都能体验秦淮旅游、南京旅游的独特魅力，这也直接拉动了餐饮、住宿、购物等第三产业的发展，对南京社会经济的带动作用十分显著。据统计，2009年至2018年灯会期间，仅秦淮区旅游商贸总收入增长就达5.5倍，对南京社会经济的带动作用不断提升，直接拉动南京消费超过100亿元，各景点收入超过全年收入的四分之一。在2019年的灯会中，原秦淮区旅游局委托第三方机构进行了游客满意度调查，结果显示游客综合满意率高达94.3%，再次证实了对秦淮灯会的高度认可和美誉度。南京与西安两座历史悠久的古都携手合作，举办"双城灯会"，这一合作不仅拓展了两城的旅游文化交流范围，更彰显了城市间合作的深远影响和社会经济效益的显著成果。以灯会为媒介、城墙为纽带、产业为核心，通过同步亮灯仪式、城墙"登城节"主题周、南京·西安"双城记"以及"一带一路"旅游文化体验等系列活动，加上一系列文化旅游产业项目的交流与合作，"甲天下"的秦淮灯会和"唐都上元不夜城"在影响力上得到了倍增。

秦淮灯会的繁荣不仅为传统扎灯技艺的传承与发展提供了肥沃的土壤，更彰显了传统手工艺与现代技术的完美融合，从而带来了显著的文化效益。在政府和各界人士的大力支持下，秦淮地区的灯彩艺人得以在灯会现场展示并制作花灯，这既成为灯会的亮点吸引观赏者，又成为现场教学传授灯彩技艺的平台。随着游客对花灯的购买量不断增加，秦淮灯会也成了灯彩艺人展示技艺、创业致富的理想场所。近10年来，灯彩艺人的年收入从不到10万元提升至20万—30万元，部分灯彩大师的年收入甚至超过百万元。

与此同时，市场和大众审美需求的不断变化也促进了花灯技术的创新。花灯材料从纸质逐渐转变为丝绸、色彩灯纸以及柔软的铁丝等，光源从传统的感光灯逐步发展为磁性集成块，无论在造型还是材料上都不断地创新。南京民间艺术不仅在形式上不断完善，更在内容上进行了丰富，同时也进一步丰富了自身的人文内涵和艺术魅力。这种传统手工艺与现代技术的碰撞，不仅令秦淮灯会焕发出更加绚丽夺目的光彩，更为秦淮地区的文化传承和创新注入了新的活力。

综上所述，秦淮灯会之所以能够取得巨大成功，与其鲜明的文化主题活动和优化的空间布局是分不开的，同时科学管控人流策略不仅增强了游客的体验和满意度，也提升了灯会的整体品质。此外，与西安等城市的双城联动为秦淮灯会带来了更广泛的关注和认可，同时也为灯彩产业的发展带来了新的机遇与挑战。这些成功经验在实践上具有重要意义，对于推动本地区的文化活动和旅游产业的发展具有深远的影响，值得深入学习和借鉴。

3. 科技融合时尚的豫园灯会

上海地区的灯会起源可追溯至汉代，而明清时期城隍庙、豫园地区的灯会尤为兴盛。然而，随着历史的变迁，民国时期后逐渐式微，直至1979年，豫园重新举办元宵灯会，为灯会的复兴注入新的活力。从1995年起，豫园商城接手承办灯会，并正式将其命名为豫园新春民俗艺术灯会（简称豫园灯会）。每年农历正月初一至十八，豫园旅游城便举办此盛会，其建筑风格延续了明清时期的特色。灯会以十二生肖作为每年的展灯主题和布局格调，并分为上灯日和落灯日两个阶段。活动内容包括文艺表演、武术表演等项目。2011年5月23日，豫园灯会被列为第三批国家级非物质文化遗产，进一步彰显了其在中国传统文化传承中的重要地位。

豫园灯会作为上海地区的传统节庆活动，具有鲜明的生肖特色、丰富的传统文化内涵以及现代科技的融合应用。每年农历正月初一至十八，灯会以当年生肖为主题，展示中国特有的民族文化和喜庆吉利寓意。同时，灯会承载着一系列相关的神话传说、历史故事和民间传说人物,旨在弘扬中华民族优秀的文化遗产。传统制灯工艺在灯会上得到保留与传承,不仅是对传统文化的宣传与弘扬,也为民间制灯艺人提供了展示技艺、致富奔小康的平台。制灯艺术家们在选材和造型上均秉持自然环保的古法技艺,追求形神兼备的创作理念。与此同时,豫园灯会也不断引入现代科技元素,如光影秀、3D投影等,将传统制作技艺与现代科技相融合,展现创新科技与传统文化的完美结合。例如,2011年的兔年灯会首次引入多媒体元素,如激光投影、幻影成像等;2017年的鸡年灯会则首次全面采用节能灯和LED灯光源;2023年,豫园灯会更是将国潮创新、非遗艺术灯彩和元宇宙等现代科技融合,创造了自有IP"山海奇豫记"。这种科技与传统的完美结合,不仅增添了灯会的观赏性和吸引力,也推动了传统文化的传承与创新。

4. 景观体验丰富的哈尔滨冰雪节

哈尔滨冰雪节是黑龙江省哈尔滨市每年1月初至2月底举办的大型冬季旅游活动。该活动涵盖艺术、文化、体育、经贸、旅游等多个主题,旨在展示哈尔滨独特的冬季魅力。自1985年首次举办以来,截至2024年已成功举办40届,与日本札幌雪节、加拿大魁北克冬季狂欢节和挪威奥斯陆滑雪节一样,享有较高的国际知名度。首届冰雪节后,哈尔滨市成立了哈尔滨冰雪节组织委员会,负责冰雪节的策划、协调、指导、督促、检查等工作,使冰雪节成为一个系统工程,形成有机整体。

哈尔滨冰雪节的成功离不开一系列精心策划的运营策略。首先,冰雪节的核心吸引力在于其独特的环保展示技术,通过透明冰块与灯光结合,为游客呈现出冰雪世界。其次,冰雪节采用24小时运营策略,白天和夜晚均安排丰富多彩的活动,确保游客在任何时间段都能体验冰雪节的魅力。此外,冰雪节巧妙利用周边基础设施,构建分散型会场,避免人流集中,提升了游客的观赏体验。通过设置分级票价体系,不同消费水平的游客都能参与其中。每年推出新的主题,通过多样化的国际活动不断创新,保持了新鲜感和吸引力。冰雪节还通过积极的赞助策略和使用节庆吉祥物进行推广，扩大了节日的影响力。同时，采用合资的运营模式，为冰雪节的可持续发展提供了保障。冰雪节还开发了四季旅游产品，如冰雕常设展览馆，使其在非冬季也能吸引游客。

冰雪节不仅是夜间冰雪艺术的盛会，更是哈尔滨市的重要经济引擎。冰雪节期间，游客可以观赏到美轮美奂的冰雕和雪雕作品，同时也能体验到丰富的夜间休闲娱乐项目，在满足游客的多样化需求的同时，更直接带动了旅游、餐饮、住宿、零售等行业的收入增长。根据哈尔滨市官方统计，1985年首届冰雪节期间共接待国内外游人200多万人次，旅游外汇收入比上一年增加84.5%。2010年冰雪节期间共接待国内外旅游者1202.7万人次，旅游总收入110.61亿元人民币。2024年元旦期间，哈尔滨全市累计接待游客超300万人次，实现旅游总收入59.14亿元。如今，冰雪旅游文化内涵越来越丰富深厚，冰雪节不仅直接带动了旅游收入，更有效提升了哈尔滨的城市形象和知名度，根据中国旅游研究院发布的《中国冰雪旅游发展报告（2024）》，哈尔滨市荣膺"2024年冰雪旅游十佳城市"。

三、国际灯会案例

1. 多元文化融合的新西兰奥克兰灯会

新西兰奥克兰灯会的历史可以追溯到2000年，起初只是一场小规模的元宵节庆祝活动。在活动的首次举办中，从新加坡裕廊花园引进了300盏二手灯笼布置在奥克兰大学旁边的Albert公园，为期虽仅一天但节事反响远超预期，约4万人光临灯会。随着时间的推移，奥克兰元宵灯会逐渐发展壮大，到2010年，参观人数已经达到了惊人的15万人次，并成为奥克兰的标志性活动。华人参与人数也逐年增加，元宵灯会已经演变成为奥克兰最盛大也最受瞩目的中国文化活动之一，每年吸引着数以万计的游客。从2015年开始，灯会的展期由原来的一天延长至四天（周四至周日），为更多的游客提供了欣赏和体验的机会。奥克兰灯会的成功不仅体现了元宵节这一中国传统节日的文化魅力，也展示了中新两国文化交流的深厚基础。这一活动不仅丰富了奥克兰的文化生活，也为中国文化在新西兰的传播做出了重要贡献，进一步促进了两国人民的友谊与交流。奥克兰灯会举办地距离市中心仅30分钟步行路程，便利的城市内部交通增加了灯会的可访问性。活动内容丰富多样，包括开幕式、灯笼观赏、食物与工艺品贩卖、儿童骑行与游戏、赞助者活动与竞赛、舞台演出、上海表演艺术展、烟花表演、文化庭院、工艺展示和传统活动、功夫庭院、武术、空竹表演、舞狮表演、卡拉OK等，每年吸引大量游客到访。2015年，奥克兰灯会共计吸引游客18.2万人，其中60%是非亚裔。2018年，有16.5万人参与了奥克兰灯会，其中91%的参与者认为灯会使得奥克兰更宜居。

表3-2 奥克兰灯会访问人数和每届举办天数

年份	2000（第一届）	2009（10周年）	2019（20周年）
访问人数（万人）	4	15+	20+
举办天数（天）	1	3	4

数据来源：由官网数据整理而来

多元文化的接受包容使灯会举办地更具吸引力，利益相关者协同合作激发灯会活力。奥克兰灯会连续20年的成功举办，已经成为奥克兰经济文化生活的重要组成部分以及重要的文化标志。在为奥克兰人提供自豪感与主人翁感的同时，也提升了本地居民对越来越多的华人社区及其文化的认识和理解。奥克兰对外来文化强大的接受力与包容度，为奥克兰带来了独特的文化元素和城市风格，也使奥克兰吸引越来越多移民、投资者和更多人才留下，多样的文化也是奥克兰灯会除了表演、音乐、食物、展示等传统因素以外的重要吸引力。奥克兰多灯会工作者包括灯会策划者、举办者、外交联络人、国际表演者、灯笼采购者、艺术家、赞助者、市场营销人员、后勤人员、技术人员、装饰制作者、商贩等群体，共同为灯会发展而服务，共同思考如何提升游客体验。例如2018年著名房地产公司Harcourts和知名油漆品牌Resene在灯会现场联手推出"制作自己的灯笼"活动。组织者还为参与者特别是志愿者提供了技能学习的机会，包括节事规划、活动项目管理的相关专业技能，发展人际关系的技巧，项目设计和装饰艺术，以及提供了学习中国传统文化和当地社会关系的机会。奥克兰重新审视城市环境问题,这对奥克兰环境保护意识的提升起到促进作用。利益相关者的协同合作激发了灯会活力,为灯会的可持续发展提供动力。

2. 庆祝丰收的日本秋田竿灯节(Akita Kanto festival)

秋田竿灯节是日本东北地区极具代表性的传统夏季节日之一,每年8月3日至6日在秋田市关东大道隆重举行。节日起源于约1750年的江户时代,已有逾两百五十年的历史。竿灯(Kanto)作为节日的核心象征,由竹制灯杆和挂有米袋形状灯笼的长竹竿组成,且竿灯整体构造形似稻穗,寓意着五谷丰登,体现了民众对于丰收的美好祈愿。为应对日益增长的游客,1966年成立了秋田市竿灯节执行委员会,专门负责节日的组织运营、场地布置、安保和危机处理等事务。该灯节在1980年被指定为国家级重要非物质民俗文化遗产,进一步彰显了其文化价值和影响力。

秋田竿灯节包括日间的昼竿灯妙技大赛和夜间的夜竿灯表演两大部分。白天,参赛者需展示高超的平衡技巧,将竿灯稳稳托举在手掌、前臂、腰部、肩膀甚至额头等身体部位。竿灯按重量、长度、灯笼数量分为4种,且最重的竿灯达50公斤,长达12米,因此这一部分的竞赛成为节日的重要看点。夜间,表演者随着传统音乐沿800米的关东大道巡游,这一传统技术与节事的融合,营造出独特的夜间节日氛围。为了保护和传承这一传统文化,1931年,秋田市社区成员、企业代表和竿灯表演团体共同成立了秋田市竿灯保存会,截至2019年3月,会员数已超过4000人。该组织不仅通过参与竿灯节促进竿灯文化在日本的传播,还通过培养新一代竿灯表演者传承文化,推广竿灯表演等国际交流途径,进一步扩大秋田竿灯节的影响力。2019年,为期四天的活动吸引了约131万名游客,展现了竿灯节作为传统文化与节事旅游融合发展典范的重要地位。

四、灯会的当代活化

以灯为媒,传统民俗的当代活化是一种将传统文化元素与现代生活相结合的创新方式。这种理念的核心在于通过灯这一载体,传达传统文化的精髓，同时与当代社会的生活方式和审美需求相契合。在这种活化中，彩灯被赋予了更多的文化内涵和艺术表达，成为连接过去与现在、传统与现代的桥梁。这种活化在现今的灯会中体现在多个方面，如传统节日灯饰创新、民俗文化主题灯展、文化创意彩灯、灯光演艺结合、文化技艺传承与现代创新结合等等。灯作为传统民俗活化的媒介，承载了丰富的文化内涵。在许多传统民俗活动中，灯火通常象征着希望、团聚、庆祝等意义。因此，通过对灯的设计和制作，可以将传统文化的符号、图案、故事等元素巧妙地融入其中，使得灯具本身具有文化的象征意义，不仅是简单的光源，更是传统文化的延伸。现代科技的进步为彩灯设计提供了更多可能性，比如LED灯光、投影技术、可编程灯具等，这些技术的应用可以让传统灯饰焕发出全新的生命力和魅力，吸引更多的观众和参与者。另外，以灯为媒的传统民俗活化也为文化传承提供了一种新的方式。通过彩灯艺术的创作和展示，可以吸引更多的年轻人和社会大众关注传统文化，从而促进传统文化的传承和弘扬。同时，彩灯制作工艺本身也是一种非物质文化遗产，通过对传统工艺的保护和传承，可以延续传统手工艺的生命力，为当代社会注入新的文化活力。

　　通过案例解读我们不难发现，现当代灯会能够取得成功与长久活力，离不开差异化的品牌战略、扎根地方文化土壤、依托新媒体及网络平台、丰富主题活动、政策的支撑等途径。差异化品牌战略，增强品牌识别度。这一路径的关键在于通过建立独特的品牌形象，使灯会在众多同类活动中脱颖而出。差异化的品牌战略不仅要考虑灯会本身的特色，还要充分挖掘当地的历史、文化、地理等资源，形成鲜明而深入人心的品牌形象。例如，自贡的"南国灯城""恐龙之乡"将地方特色与灯会紧密结合，让游客在欣赏灯会的同时也能感受到地方文化的独特魅力。其次，扎根地方文化土壤，组合区域优质资源。灯会必须深度融入当地的文化土壤中，这意味着不仅要展示当地的传统文化，还要充分利用当地的旅游资源、交通便利度等优势，打造具有地域特色和吸引力的灯会。区域优质资源的组合也是一项重要策略，通过与当地其他旅游资源的结合，可以吸引更多游客参与，延长游客停留时间，进而促进地区经济的发展。再次，依托新媒体及网络平台，提升灯会运营管理水平。利用新媒体平台的推广，可以使灯会的知名度得到迅速扩大，吸引更多游客的关注和参与。同时，网络平台的运用也能提高灯会的运营管理水平，实现信息的实时更新、游客流量的监控、安全保障等方面的有效管理，从而提升游客的体验和满意度。同时，丰富主题活动、优化灯会参与群体结构也是一项重要的路径。为了满足不同游客群体的需求，灯会应该设计丰富多样的主题活动，例如亲子活动、文化体验活动、艺术表演等，这样不仅能吸引更多的游客参与，也能够培养他们对灯会文化的认同感和兴趣，从而增强他们对灯会的忠诚度和归属感。政策的支撑助推灯会的可持续发展，政府在政策、资金、组织管理等方面的支持至关重要。政府不仅要提供政策保障，还应该引导和鼓励各方共同参与，促进灯会产业链健康发展。同时，政府还应该重视游客的反馈意见，及时调整和改进灯会的组织管理方式，确保灯会的安全、顺畅和可持续发展。

第四章 流动夜市：市井长巷展人间烟火

夜间旅游最初的形态可以追溯至殷周时期的夜市，但当时夜市内容与形式单一，仅以夜宵、娱乐为主。中国古代的夜市作为商品经济的产物，与日市相对而言，受不同朝代的制度、文化、城市规模和社会需求的影响，其呈现形式和内涵也不尽相同。以时间和频率为界可分为固定夜市和流动夜市，其中流动夜市是夜间节事的重要组成部分，固定夜市也被看作夜间节事的重要载体。以国潮夜市为代表的现代夜市，根据短时间、非常态化且主要活动集中于夜晚的特征属性，可将其归类于夜间节庆节事活动。

一、古代的夜市

我国集市的出现可追溯至殷周时期，《周易》描述了"日中为市，致天下之民，聚天下之货，交易而退，各得其所"的场景，其中"日中"指的是古代初期集市交易的时间。同时，《周礼·秋官司寇》一书中描述了"司寤氏"这一职位的职能："掌夜时，以星分夜，以诏夜士夜禁，御晨行者，禁宵行者、夜游者。"这是目前已知的对负责夜禁事宜官职的最早记载，说明宵禁制度的起源可以追溯到周代，这也是关于"夜游"一词最早的记载。西周时期，《周礼》记载了"大市日昃而市，百族为主；朝市朝时而市，商贾为主；夕市夕时而市，贩夫贩妇为主"。在这一时期，"市"一日开放三次，即大市、朝市和夕市，"夕市"被视为后世"夜市"的雏形。这种一日三市的现象一直流传至东汉初期，在中原地区尤为常见，"大市"严格按照"市日三合"的规制经营。

汉代的商品贸易繁荣为夜市的萌芽提供了契机。尽管这一时期的夜市规模较小，营业时间有限，分布范围也较为有限，但临时型夜市作为夜间节庆的重要表现形式不容忽视。两汉时期实施的"抑商"与"利商"政策为夜市的兴起创造了条件。随着商品经济的蓬勃发展，尽管夜间受到严格管制，但部分夜间活动仍然难以阻挡。此外，汉代照明设施的发展也促进了夜市的兴起，各种材质的灯具在汉代遗址中被发现，这为夜市提供了基础设施。受制于严密的"里市制"与"宵禁制"，这一时期的夜市多出现在不太受限制的乡野甚至边境地区。如"通货羌胡"是其"市日四合"发展的主要领域，应边贸之需，以姑臧为代表的西北边贸夜市顺势而生。"出与汉人交易，不以昼市，暮夜会"为南方少数民族部落狼月荒与汉人在"夜市"中交易黄金的情景。汉代商品经济的发展为夜市的兴起提供了必要的条件，而易物、消费和娱乐需求则成为夜市发展的重要推动力。夜市在这一时期数量有限，主要分布在西北、南部以及西南边境等地，远离国都且相对分散。交易主体主要包括本地居民和外地商人，涉及汉族和少数民族部落。虽然汉代夜市尚处于萌芽阶段，但其出现为后来坊市制和宵禁制的松动甚至取缔埋下了伏笔。

唐代里坊及宵禁制度的逐渐瓦解为夜市的发展提供了便利。初唐时期，长安的坊市制度对市区交易实行严格的时间限制，禁止夜间交易；然而到了唐后期，随着坊市制度的瓦解，特别是在汴州地区，城市商贩不再受到白天或黑夜的限制。随着商品经济的高度发展，为了满足人们的交易需求，街区逐渐延长营业时间，夜市因此不断繁荣发展。与汉代相比，唐朝时期的夜市在照明设备方面更为完善，这也使得夜市的活动更加热闹繁荣。如卢纶在《送吉中孚校书归楚州旧山》中所描述的楚州夜市灯火阑珊的景象："并楫湖中游，樯月下泊。沿溜入阊门，灯夜市喧。"此外，唐代的夜市呈现数量众多、分布广泛的特点，无论是繁华的商业都市还是偏远的农村，都有夜市的存在。例如，罗隐的《金陵夜泊》和王建的《寄汴州令狐相公》生动地描绘了金陵、汴州等城市夜市的繁华景象；张籍的《送南客》和阎丘晓的《夜渡江》则刻画了象州、淮市等中小城镇夜市的风貌。岑参的《巴南舟中夜市》"渡口欲黄昏，归人争流喧。近钟清野寺，远火点江村"更是将乡野夜市的民风民俗、悠然氛围侧面展现，相比于城市夜市别有一番风味。这一时期的夜市融入了充满烟火气息的市井生活，贴近百姓的日常茶米油盐交易。夜市的发展与人民的生活需求密切相关，随着唐代生产力的提升，夜市交易品类逐渐充实。在商品经济进一步发展的推动下，夜市上农产品的交易也日益丰富，涵盖了绢帛、茶叶、药材、酒、食品等多种商品。

夜市发展至宋代被认为是其成熟时期，坊市制和宵禁制被打破，夜市活动的空间和时间进一步拓展，一座座新型的商业城市展现在人们面前。到宋太祖时期，坊墙拆除，城建呈现出"街市结合"的局面，居民区和商业区之间的界限逐渐消失，城市经济功能日渐增强。宋太祖时期将宵禁时间推迟至三更，宵禁时间缩短使得东京城内"夜市"与"早市"开始普遍出现。此后，宋太祖还下诏"令京城夜市至三鼓已来，不得禁止"，这极大地促进了夜间商业的繁荣发展。北宋末年宵禁令名存实亡，商业活动的营业时间大大放宽，"夜市直至三更尽，才五更又复开张。如要闹去处，通晓不绝"。甚至南宋时期的临安"买卖昼夜不绝"，"夜交三四鼓游人始稀五鼓钟鸣卖早市者又开店矣"。到了宋代，夜市的营业时间开始变得稳定且灵活。"冬月虽大风雪阴雨，亦有夜市"，"坊巷市井，买卖关扑，酒楼歌馆，直到四鼓后方静，而五鼓朝马将动，其有趁卖早市者，复起开张。无论四时皆然"。这个时期的商业互动不再局限于固定的场所，居民临街而肆，更有沿街叫卖兜售者。从类型上看，在原本的饮食夜市、商圈夜市、传统娱乐夜市基础上出现了多元化的夜市类型，如文化娱乐夜市、休闲观光夜市等，大大满足了宋代民众休闲消费的需求。从商品类型上看，原本多以生活用品、文玩字画为主，《东京梦华录》中记载"茶坊每五更点灯，博易买卖衣服、图画、花环、领抹之类，至晓即散，谓之鬼市子"。宋代的小吃种类也极为丰富，如夏季售卖的冰雪冷元子、甘草冰雪凉水等解暑饮料，各种地方特色小吃也有专门店铺售卖，《梦粱录》描述了"盆景花卉，衣帽扇帐，鲜鱼猪羊，蜜饯糕点，时令果品，琳琅满目"的生动景象。

宋代夜市规模空前且有文化特色的夜市开始出现。"不欲遍记夜市，比州桥又盛百倍，车马阗拥，不可驻足"，体现了宋代夜市的盛大规模，尤其遇特殊的民俗节庆（如上元节、中秋节等）时规模更加壮观，"儿童连宵嬉戏，夜市骈阗至于通晓"（引自《东京梦华录》）。随着宋代文化的繁荣，兴起了专业的艺人演出场所。市民阶层的崛起带来了更多的文化需求，因此勾栏瓦肆等娱乐场所成为夜间活动的重要组成部分。"其中大小勾栏五十余座。内中瓦子莲花棚、牡丹棚、里瓦子夜叉棚、象棚最大，可容数千人"，娱乐场所规模之大、所容人数之多，反映了宋朝时期市民阶层对文化娱乐需求的提升。南宋时期同样有"城外有二十座瓦子……余外尚有独勾栏瓦市稍远于茶中作夜场街市举放风筝轮车数椽"（引自《西湖老人繁胜录》）。

元代低迷之后，夜市经济在明清时期重新繁荣。这一时期，随着商品经济的鼎盛，新的夜市种类应运而生。首先是与运输行业的发展相关的夜市，其中杭州的北关夜市以"舟航水塞，车马陆填，百货之委，商贾贸迁"（引自《万历杭州府志》）而著名，苏州的阊门城外夜市也吸引了"凡南北舟车，外洋商贩，莫不毕集于此"（引自《苏州地方志·金阊区志》）。其次是具有节庆性质的夜市，如元宵夜市、清明夜市、端午夜市、七夕夜市、中元夜市、庙会夜市等。第三类是休闲娱乐性的夜市，例如基于明代聚会和游玩之风盛行现象发展而来的杭州西湖夜市和扬州瘦西湖夜市，都是提供饮食和文化娱乐服务的。明清时期，夜市管理制度也得到了发展。"然夜市物件伪者甚多，奸商亦小窃之剪扭者，如剪辫、抓小帽毡帽等，虽警察甚严亦难防也。"（引自《清傅崇矩.成都通览》）这一时期，偷盗及扰乱夜市市场秩序的问题较为突出，晚清时期对夜市的治理甚至成为地方官员的政绩参考标准。

二、近现代夜市

近代夜市的发展相对曲折,繁荣与消亡交替上演。近代政府对于夜市的开闭市时间以及治安管理都有严格的制度,戒严期间夜市一律不准开张。但租界之戒严令撤销之时,各酒馆及夜市均已准备开市,"向无夜市,经此提倡以后电光闪烁,如入不夜之城匪独便利交通,且于商务前途受无穷之裨益也"(引自清代吴趼人《谈旅》)。19世纪70年代,以上海为代表的租界内夜市开始蓬勃兴起,上海逐渐获得了"夜上海""东方巴黎"等美誉。1891年,"愚园夜市"在《申报》连续发布七天的广告邀请大众至午夜12点欣赏花灯、纳凉观景,引发了广泛关注。然而,夜市兴起的同时也伴随着噪音、卫生、盗窃、赌博、劣质商品充斥等社会问题,考虑到这些情况,当时的主管部门决定午夜前关闭夜市。1908年,众多商铺联名申请将夜市经营时间延长至凌晨2点,上海地方公益研究会也提议在豫园内振兴夜市以促进商业繁荣。1916年,上海老城厢小东门商会自发组织创兴夜市,同时淞沪警厅设立专门的警佐岗位以保障夜市的安全。

进入现代社会,我们可以从1949年以来国家对摊贩的管理政策中洞察夜市发展环境的变迁。新中国成立初期,大量自由择业者和生活困难群众成为摊贩的主要经营者,国家实行了一系列指导管理政策,包括发放营业许可证和征税等,但同时也实施了紧缩和限制措施。夜市作为失业职工和乡村移民的一种谋生方式,在这一时期引导民众创造新的生活方式和共享的公共空间。改革开放后,地摊和夜市经济空前发展,尤其是城乡一体化建设的加快,各地夜市纷纷兴起,但也引发不少城市问题。1992—1993年间国家相继发布《城市市容和环境卫生管理条例》和《街头食品卫生管理暂行办法》,整治城市街头风貌。直到全国推进现代化城市建设,先前无序发展的摊贩矛盾频发,摊贩在取缔、规范化管理与新建中波动发展。进入21世纪,全国各地纷纷出台整治城市街道市容市貌的政策。如2006年合肥"无摊城市"的目标,上海市"不把马路菜场带入21世纪"的口号,2007天津市净化、序化、美化、优化主干道工程等,不少夜市被限制发展甚至取缔。此间,也有一些地区探索管理夜市摊贩的新办法,从"堵"变成有计划地"疏",如2006年南宁针对夜市的"招安"政策；2008年上海施行分层管理,对部分街道移动商贩、摊贩进行解放。直至2009年,国务院法制办公室(现司法部)公布了《个体工商户条例(征求意见稿)》,意见提出摊贩可申请登记为个体工商户,给予摊贩合法的地位,夜市获得了新的发展机遇。自十九大以来,国家开始更加重视人民对美好生活的需求,对于充满烟火气息、丰富百姓生活的夜市给予了关注,夜市在规范化经营和有序规划中再次展现其独特魅力。总体而言,我国现代夜市的发展经历了"三起两落"的过程,不过由于南北方地域和政策环境的差异,各地对夜市建设的认知和进程也存在着不同的特点。

改革开放以来,南方地区由于良好的气候条件,使得大众拥有更多户外出行的机会,因此南方夜市的兴起较早。例如,上海、广州、杭州等地就有着悠久的夜间消费习惯,早在20世纪80年代就建立了可供休闲娱乐的夜间市集。以上海为例,早在1987年,市政府就在《1987市政府要完成的与人民生活密切相关的实事》中明确提出要"办好市中心夜市,增设新居住区200个商业网点"的计划。夜市的经营主体主要是乡镇居民,他们通过经营夜市谋生。随着21世纪初城市化进程的加速,农民工数量大幅增加,夜市摊贩为乡村居民提供了进入城市的机会,成为他们谋生的主要选择。

南方现代夜市呈现多样化发展形态。除了城市中常见的夜市外,还有配合节庆节事活动临时设立的夜市,如各地庙会期间的临时夜市,具有周期性。另外,还有依托当地旅游资源设立的固定夜市,如湘西的凤凰古城夜市及上海的城隍庙夜市等,这类夜市地域文化特色浓厚。随着人民生活水平的提高,夜市种类逐渐增多,可划分为百货夜市、小吃夜市、文玩夜市、文化夜市和综合夜市等。其中,受益于中国饮食文化和小吃成本较低的特点,小吃夜市在各城市中占据重要地位,被誉为"中国人的深夜食堂"。南方夜市的分布与城市整体结构密切相关,多分布在城市周边或城市中多样性较高的区域。依赖于人流量的夜市通常位于街道交叉口、学校周围、居住小区和商业中心附近。夜市空间形态的形成与周边业态和人口构成密切相关,主要呈现线型的街道空间和非线型的广场空间。其中,线型夜市主要有鱼骨型、网格型和丁字型等形态。南方夜市的经营时间较长且相对固定，在政策利好的情况下，夜市的经营时间可能会提前或延长。

这阶段的南方夜市在波折与不断挑战中逐渐步入正轨。源起于街头巷尾和日常生活的夜市无疑为周边百姓带来了很多的便利以及休闲放松的空间，但无序经营引发的各种问题在当地举办大型活动、市容市貌整改、城区改造、城市现代化建设时就会成为关注重点，摆脱不了迁移、劝退甚至被取缔的命运。例如南宁市1995年的"创三城"运动、2000年的旧城改造工程以及2006年的"三会一节"期间，当地夜市的生存都感受到了不同程度的压力。而政府也在与夜市经营者不断博弈中，逐步探索到了规范化经营及标准化管理夜市摊贩的办法，为现代夜市发展带来新的机遇。

就北方而言，尽管夜市发展所处气候环境不及南方，但其夜市数量和规模并不逊色于南方。尽管夜市分布不均，但其具有延长游客驻留时间的特性，这也在一定程度上促使城市中或多或少都存在夜市。与南方夜市相比，北方夜市的营业时间相对较短，结束时间较早，政府对其监管也较为严格。目前，政府将夜间经济视为经济发展的新动能，对夜市的规划与管理也日益重视，一些散落分布的夜市被取缔，专门地区留给夜市摊贩，以解决就业问题、带动消费、刺激经济的发展。因此，集中分布的北方夜市大多是在政府部门的管理下逐渐形成。

在夜市的空间分布上，北方夜市更加集聚，呈条块状的分布形态，主要分为商圈夜市、观光夜市和流动夜市三类。商圈夜市多分布在商业街区附近，主要售卖衣服、鞋类和配饰等商品；观光夜市分布在景区附近或历史文化街区，具有吃喝游购娱一体的功能；流动夜市则主要由流动的餐车小摊组成，没有固定摊位，可灵活移动，大多集聚于大学附近，所贩售的商品以小吃类为主。此外，北方夜市的"酒文化"特点突出。地理区位的差异导致北方人与南方人在文化底蕴、风俗习惯和性格特点上存在差异，北方夜市文化也因此与南方有所不同。相较于南方的精致，北方夜市具有粗犷、不拘小节的特点。在北方夜市上，人们常围坐一起共餐，借酒聚会、叙旧、联络感情是其一大特色。

三、国潮夜市

国潮夜市追溯至古代，亦可视作"流动型夜市"的延伸，类比国际相当于"Street Fair"。"国潮夜市"是中国文化特色的夜间文旅项目品牌化发展的成功探索，一城一品的属性具备全国推广的优势，但仍需在文旅融合、资金支持、运营模式、营收渠道、市场研判、目标客群和"国潮"定位等方面进行深度研究。

"国潮夜市"首先解决了目的地发展夜间旅游面临的重要问题："不是城市亮了，人就来了"。当夜晚亮起来之后，如何吸引本地居民走出家门、外地游客到访，成为困扰目的地夜间经济发展的重要问题。即便是夜间经济发达的城市也经历过这样一个阶段。借鉴国际经验，纵观欧洲、美洲的成功发展路径，高频、多样、优质的夜间节事活动能有效引起居民和游客注意、适应并向往夜间出行。

"国潮夜市"通过节事活动引流，逐步实现夜间文旅项目的品牌化；延长游客停留时间的同时刺激消费，增强社会新活力。比如一些城市在满足基本的照明与亮化需求后，就进入了以夜间文化艺术活动引流的阶段，像法国的里昂灯光艺术节、哥本哈根的文化之夜、巴黎的白夜节等品牌享誉世界。国潮夜市的"虞歌畅晚"常熟方塔夜巷自 2020 年 4 月 27 日启幕到 5 月 5 日结束，据大数据统计，城区夜间客流达 20 万人次以上，其中市民游客平均有效停留超过 1 小时的占总客流量的 56.55%，实现销售 360 多万元，同比增长 28.22%。

一城一品与当地文化深度融合且差异化呈现，是"国潮夜市"全国性布局成功的关键。不能实现此点，就会如同全国各地高度相似的历史文化街区、千篇一律的旅游纪念品。木渎的"S·FAIR 万物来潮"和常熟"虞歌畅晚"方塔夜巷除呈现中国国潮文化之外，都有鲜明的地方文化特色。可类比 2014 年起韩国举办的近现代文化复苏活动"夜行"，一城一色一文化的特点在韩国全境布局，目前已有 30 多个城市每年举办。

多方的资金支持、多元化的营收渠道、盈利能力和科学的运营模式是

"国潮夜市"可持续发展的保障。夜间节事活动相较于普通文旅项目，较困难的一点在于资金成本较高，想要做大做强可持续就需要多方的资金支持（如法国里昂灯光节、巴西里约热内卢狂欢节）。需要关注的一点是，开放性节事活动对于本地的经济、文化和社会效应更为明显，这就导致了依赖门票的营收模式是否持续可行，长远来看探索更为多元化的营收渠道、提升盈利能力是国潮夜市可持续发展的保障。例如，美国德克萨斯 Fort Worth Main Street Fair、纽约 Hester Street Fair、宾夕法尼亚 Manayunk Arts Festival。

"国潮夜市"这种夜间节事活动是中国文化传播的创新载体与创新形式，其可持续的品质保障需要文化、艺术、旅游、科技和大数据等多领域专家的支持。如法国巴黎的白夜节（Nuit Blanche）、里昂灯光节和巴西狂欢节的产品项目遴选模式。"国潮夜市"下乡是发展乡村夜游的重要尝试，探索期建议选择开放程度较高、基础设施较为完备、经济和旅游较发达的村镇开展。"国潮夜市"下乡需要明确目标客群，在乡村开展的"国潮"要把握有度，做好尽调与科研。如目标市场为外地游客，新鲜且高品质的夜晚国潮产品结合本地文化可形成当地的夜间旅游吸引物；如目标市场定位为本地乡民，需要考虑其对"潮"的解读与接受能力，打造本地乡民所期望的夜间文化消费品。

第五章 烟花灯火：情感寄托与庆祝共享

一、烟花节

火药作为中国的四大发明之一，其最早的文字记载可以追溯到公元808年，唐朝的炼丹家清虚子所著《太上圣祖金丹秘诀》首次提及了火药。此后的一千多年里，火药除了用于制造武器外，几乎只被用来制作鞭炮和烟花。一些重要的节庆活动至今仍保留着燃放烟花的习俗，例如跨年夜，这是全球唯一能够在同一天同一活动中燃放烟花的现代庆祝活动。烟花爆竹经由旅游者传入欧洲，意大利成为欧洲第一个制造观赏烟花的国家，也是最早举行烟花会的地区，英国的第一次烟花会则于1790年在印度的勒克瑙附近举行。日本的烟花发展则常与文化和创意产业尤其是玩具产业相结合。随着时间的推移，烟花经历了显著的发展，当代的烟花表演通常包含音乐、光影、水景、科技等多种元素，已经成为人们喜爱的文化娱乐活动之一。

烟花作为一种文化象征，承载着特定社会文化的意义和价值观。在庆典活动中使用烟花不仅仅是为了庆祝，更是一种文化传统的延续和社会认同的表达。通过烟花的展示，人们表达对特定文化的认同和自豪感，增强社会凝聚力和文化连续性。从社会心理学视角，放烟花常常是一种社会性的庆典活动，能够促进人与人之间的社会联系和情感交流。现代烟花表演不仅仅是简单的燃放，而是融合了音乐、灯光、激光等多种元素，成为一种多媒体艺术形式。通过科技手段和创新理念，烟花表演呈现出丰富多彩的视听体验，推动了文化传播与艺术创新的发展。

表 5-1　世界著名烟花节汇总

国家	举办时间	烟花节名称
加拿大	7 月 23、27、30 日	Honda Celebration Of Light
英国	11 月 4 日	Coram's Fields Fireworks Desplay
英国	11 月 5 日	Battersea Park Fireworks
西班牙	3 月 15 至 19 日	Valencia Las Fallas Festival
韩国	7 月末 8 月初	Pohang International Fireworks Festival
韩国	10 月 8 日	Seoul International Fireworks Festival
韩国	10 月 22 日	Busan International Fireworks Festival
加拿大	7 月末 8 月初	Montréal's International Fireworks Competition
日本	8 月第 4 个周六	Omagari Fireworks festival
日本	10 月 1 日	Tsuchiura All Japan Fireworks Competition
日本	8 月 2—3 日	Nagaoka Fireworks Festival
中国	9 月末 10 月初	Shanghai International Music Fireworks Festival
中国	12 月 31 日	Hong Kong Chinese New Year Fireworks
中国	9 月	Macau International Fireworks Display Contest
中国	11 月 5—7 日	Liuyang Fireworks Festival

资料来源：根据官网或主办方报告资料收集整理

二、国内烟花节案例分享

浏阳市素有"花炮之乡"之称，历史悠久，古时当地民间就开始燃烧竹子制造爆破声音，被称为爆竹，寓意驱恶求福。自 20 世纪 90 年代以来，浏阳市通过文化建设和经贸活动，积极拓展经济，多次举办规模盛大的节会活动。1991 年 3 月，浏阳市政府首次举办国际花炮节，此后每年 11 月初均定期举办，2015 年起更改为一年一届。活动内容丰富多样，包括开幕式、花炮艺术游行、大型焰火晚会、花炮文艺晚会、歌舞表演、传统花鼓戏演出以及展销和经贸洽谈等。这些活动每年吸引大量游客前来参与，借助花炮节作为展销平台，成功开展经贸洽谈，取得了显著的经济效益。

花炮节搭台，经济唱戏。浏阳花炮市场占有率一直位居前列，它为北京奥运会、国庆六十周年庆典、上海世博会、广州亚运会提供了绝大部分烟花。1991年浏阳花炮产值为2.77亿元，2009年浏阳花炮产业集群销售总额达111亿元，短短19年，浏阳花炮产值增加了39倍。2001年、2009年浏阳财政收入分别为5.8亿元和28.6亿元，花炮为政府提供的税收分别为1.7亿元和9.1亿元，占当年财政收入的29.2%和32%。目前，浏阳烟花产业的税收占全市财政收入50%以上，烟花产业解决了40余万劳动力的就业问题（2015年浏阳市人口147万），其中90%来自农村，烟花产业吸收了全市70%以上的农村剩余劳动力，同时也带动了矿产、造纸、印刷、包装等行业的发展。浏阳市旅游相关硬件设施的建设也随之完善，酒店数量2012年约2000家，2014年约3170家，2015年约3500家。2003年浏阳市政府耗资5000万元建成一个近万座位的焰火观礼台和400个车位的停车场，在观礼台对面的荷花金滩地段建设占地33.5万平方米的永久性焰火燃放场，并从当年10月份举办的第六届花炮节启用，浏阳花炮文化节即是浏阳花炮产业的展示平台。

  产业与节会相互促进，花炮与文化融合共生。浏阳花炮节作为平台，不仅传承和弘扬了当地花炮的传统工艺，还拓展了国内外的销售市场，同时促进了经济、艺术和文化的交流，推动了浏阳市的经济发展。浏阳花炮产业的知名度与城市形象也在逐步提升，通过花炮节展示安全环保的形象，向世界展示花炮从商品向文化艺术品转变的产品理念，逐年积累的国际效应也越来越显著，为花炮产业开辟了新的发展空间，注入了新的活力。烟花节的成功举办不仅得益于政府的支持，还得益于市场营销人才的培养。政府出台政策鼓励企业走向国际市场，利用国际大型焰火赛事等平台，为浏阳焰火燃放团队树立了品牌形象。同时，市场营销人才的培养使得浏阳能够与国内外的大型节庆和传统盛会对接，参与到大型活动的策划中。随着产业的发展，国际焰火比赛、花炮双年展、产业论坛等活动也逐渐纳入花炮节的范畴，丰富了花炮节的内涵，拓展了其影响力。

三、国外烟花节分享

1. 加拿大蒙特利尔国际烟花节

蒙特利尔烟花节（Montreal International Fireworks Competition）自1985年起在加拿大魁北克省蒙特利尔举行，是世界知名且规模较大的烟花比赛之一。每年夏季（6月至8月），来自8至10个国家的烟火公司都在蒙特利尔La Ronde主题公园举行长达30分钟的烟火表演，并通过当地广播电台实时直播。市民和游客可以在Jacques-Cartier大桥（每个活动晚上关闭交通）、La Ronde主题公园以及圣劳伦斯河两岸欣赏这场烟花与音乐的盛宴。

表5-2 2019年不同烟火公司的主题烟火表演

日期	主题	烟火公司
2019.06.29	Throwback 1985	Hands Fireworks
2019.07.03	Dreaming In Montreal	Hanwha Corporation（韩国）
2019.07.06	One Step - Moon Dream	Parente Fireworks Group（意大利）
2019.07.10	Stay Tuned	Grupo Luso Pirotecnia（葡萄牙）
2019.07.17	Jungle Spirit	Atlas Pyro Vision（美国）
2019.07.20	A First Walk On The Moon	BEM Feux d'artific（加拿大）
2019.07.24	Shapeshifter	Howard & Sons Pyrotechnics（澳大利亚）
2019.07.27	Celebration Of Casino De Montreal's 25th Anniversary	Rozzi's Famous Fireworks - Panzera

资料来源：根据官网或主办方报告资料收集整理

蒙特利尔国际烟花节自2000年加入Major International Events Network（MIEN）以来，一直是备受关注的重要活动。第一届蒙特利尔烟花节吸引了超过570万人参与，创造了加拿大类似活动的参与纪录，为该活动在蒙特利尔人和游客心中的地位奠定了基础。在第32届蒙特利尔国际烟花节为期8天的活动中，总参与人次达310万人，其中72%为蒙特利尔居民，28%为外来游客。2018年4月3日，La Ronde宣布第32届蒙特利尔国际烟花节为该市带来了约3700万美元的收入，创造了564个全职工作岗位。

此外，该活动为魁北克政府带来了750万美元的财政收入，为联邦政府带来了240万美元的财政收入。蒙特利尔以其节庆而闻名，而蒙特利尔的国际烟火节则成为该市夏夜的标志，为城市带来了经济和文化上的重要收益。

2. 美国独立纪念日烟花节

美国独立纪念日烟花节是为庆祝7月4日美国独立日而举办的活动，作为美国一年一度盛大的节日之一，象征着独立与自由精神。每年的这一天，全美都会举行隆重的庆祝仪式，如外出野餐、节事体验、家族团聚等适合阖家团圆的活动。此外，全美各地还会举办盛大的烟花表演，美国烟火协会（APA）估算每个独立日都有超过14000个烟花表演照亮全美的天空。波士顿会在独立日举办免费的波士顿流行音乐节和烟花活动，每年有超过50万游客聚集在查尔斯河畔。2016年纽约梅西烟火节吸引约300万人到场观看。

表5-3 美国独立日烟花节各地简介

地点	烟花节名称	地点	时间
洛杉矶	Rose Bowl 90th Annual Americafest	1001 Rose Bowl Drive, Pasadena	21:00
	Hollywood Bowl July 4th Fireworks Spectacular	Hollywood Bowl, 2301N. Highland Ave	
	Marina Del Rey 4th of July Fireworks Celebration	Fisherman's Village, Burton Chace Park and (Mother's) Beach	21:00
旧金山	4th of July Celebration at The PIER	At Pier 39, Beach St. and the Embarcadero, San Francisco	21:30
	4th of July Fireworks from Angel Island	Angel Island, San Francisco, CA	
纽约	Macy's 4th of July Fireworks	Manhattan West side goes from 12th Street to 59th Street.	21:20
	New Jersey fireworks	Liberty State Park	13:00-22:00
波士顿	Boston Pops Fireworks Spectacular	Hatch Memorial Shell	July 3, 20:00-22:30pm July 4, 20:00-23:00

续表

地点	烟花节名称	地点	时间
芝加哥	Navy Pier	600 E. Grand Ave., Chicago, IL 60611	21:30
	Evanston Lakefront Fireworks	Sheridan Road、Church Street	21:30
	Northwest Fourth-Fest	5333 Prairie Stone Pkwy, Hoffman Estates, IL 60192	July 2, 21:30
华盛顿	Independence Day Fireworks Celebration	National Mall	About 21:00-21:15pm

资料来源：根据官网或主办方报告资料收集整理

3. 澳洲悉尼新年烟花节

悉尼新年烟花节（Sydney New Year's Eve Fireworks）是澳大利亚悉尼每年跨年举行的年度庆典活动，其独特之处在于烟花表演与音乐编排的完美同步，以及活动整体设计体现出的精湛技艺与创意，不仅在视听上呈现出卓越的表现，更凸显了悉尼作为国际大都市的个性与魅力。

悉尼新年烟花节以创新为核心，注重技术与艺术的融合，通过引入全新色彩和特效技巧，使跨年活动焕发出新的活力。其次，在庆典筹备方面，严谨的规划与全面的综合保障确保了活动的安全与顺利进行。安保、交通、服务等各行业协同作战，数十年来未曾发生重大事故，观众可尽情享受庆典。此外，商业化与温情并重，庆典设有收费观赏点和免费观赏点，同时专为残障人士提供优质的观赏位置。主办方特别注重残障人士的参与体验，在政策制定、无障碍举措和残疾知识培训等方面着力，致力于消除残障人士的进入障碍，确保他们享有与一般参与者相当的活动体验。因此，悉尼新年烟花节不仅树立了全球性、包容性的城市形象，更成为世界范围内具备高度可访问性的城市活动典范。

表5-4　2011—2019年悉尼新年烟花节游客人数和经济效益

年份	人数（单位：万）	经济收益（单位：亿澳元）
2011	150万	1.56亿澳元
2018	100万+	1.7亿澳元
2019	150万	1.33亿澳元

资料来源：根据官网或主办方报告资料收集整理

4. 韩国浦项国际烟花节

位于韩国东南部的浦项以其海港和浦项国际烟花节而蜚声国际,被誉为"光与火之城"。浦项国际烟火节(POHANG International Fireworks Festival)起源于2004年,是由世界钢铁业巨头POSCO以浦项的象征"光"与作为制铁所熔炉象征的"火"为主题,在浦项市民之日首次举办的节庆活动。自那时起,该活动每年夏季休假高峰期如期举行,并逐渐壮大,成为国际知名的庆典。其形式从最初简单的烟火秀逐渐演变为结合当地产业与文化元素,举办国际烟花大赛、灯光和火焰游行、戏剧节、音乐节、水枪大战和DJ派对等多样活动,丰富多彩、令人共享欢乐的盛会。

节庆与地方发展相辅相成,共同创造价值。自2004年举办以来,每年都有超过百万游客前来浦项参与烟花节。2008年的烟花节持续8天,吸引了约200万游客观赏,其中约80万市民和游客聚集在Hyeongsan河边,70万人聚集在Bukbu海滩观赏烟火。2013年第10届烟花节吸引了超过两百万游客,而2019年游客数量达到151万人。在庆典期间,游客除了参与节庆活动外,还涌向迎日台海水浴场、竹岛市集等浦项著名小吃街,对当地经济和社会产生了广泛的影响。2019年,来自10多个国家的驻韩使节和领事官员出席了烟花节的开幕式,中、日、俄等多个国家的友好城市派团参加了活动,如中国的济南、日照、包头、北海、珲春、张家港市参加了2019东北亚CEO经济合作论坛等烟花节系列活动。浦项国际烟花节既是游客与市民共享的盛典,也是促进国家间友好往来的重要活动。

5. 迪拜烟火盛典

作为全球知名的跨年热门城市,迪拜每年都以精彩纷呈的跨年烟花秀迎接新年的到来,为全球游客带来令人惊叹的年末狂欢。迪拜每年至少在三个地点举办烟花表演,其中最受欢迎的烟花秀分别在哈利法塔、帆船酒店和亚特兰蒂斯酒店举办。尤其是哈利法塔的烟花秀,以其规模之大和声光效果之壮观而闻名。哈利法塔是于2004年开始建造的,于2010年竣工,并在此后的跨年活动中燃放了令人惊叹的烟花。2017—2018年的跨年活动中，哈利法塔的灯光秀以"最大的单体建筑声光表演"刷新了吉尼斯世界纪录。2018—2019 年的活动中，哈利法塔的灯光秀再次创造了两项吉尼斯世界纪录，分别是"最大 LED 照明建筑外墙"和"最高 LED 照明建筑外墙"。此外，2013—2014 年在棕岛亚特兰蒂斯度假酒店举办的跨年焰火表演也创下了世界纪录，每秒燃放 1200 颗烟花，总时长超过 6 分钟，共计超过 40 万颗烟花在天空中绽放。

迪拜的烟火盛典不仅规模庞大、奢华华丽，而且在表演内容上也始终保持创新。例如，哈利法塔的烟花秀和迪拜喷泉的联动表演，以及 LED 和激光表演等，都为观众呈现了别具一格的视听盛宴。此外，迪拜跨年活动的成功举办也刺激了消费活动。2014 年和 2019 年，哈利法塔的壮观烟火吸引了超过 100 万观众前来观赏，2019 年的盛典更成为全球观看人数最多的新年庆典之一，还进行了实时网络直播。此外，2018—2019 年的迪拜购物节也与跨年活动联动，通过延长活动时间极大地刺激游客的消费热情。

四、烟火为介的夜间节事

除了传统的烟花爆竹以外，火把、蜡烛、火作为介质和载体的节日庆典也是普遍存在的，尤其是古时少数民族地区常用于祭祀、祈福、庆祝等。这些形式的庆典通常具有鲜明的文化特色和独特的民俗风情，体现了当地人民对生活、自然和信仰的热爱和崇敬。随着游客对于旅游目的地文化深度体验的诉求强烈，现代的烟火节事也开始成为一种重要旅游吸引物，对当地的经济、文化和社会效益提升起到重要推动作用。典型代表有中国著名彝族火把节、泰国水灯节和日本小樽雪灯之路等，本地居民和外地游客通过参与体验这些形式的庆典，传承着历史的记忆，感受着文化的力量，共同迎接生活中的喜悦和挑战。

1. 凉山彝族国际火把节

火是彝族人民追求光明的象征，火把节盛行于云南，贵州和四川等地区，在凉山彝语中火把节被称为"都则"，即"祭火"的意思。

凉山彝族国际火把节于1994年首次举办,2010年被联合国教科文组织列为"世界非物质文化遗产审批项目",在国内外享有盛名,颇具影响。该节日活动多在农历六月二十四或二十五日举行,节期三天,每晚20:00—22:00期间,形式多样,包括拦门敬酒迎宾、歌舞、祭火、巡游、斗牛、斗羊、火把打跳、激情火把狂欢等基础活动,特别邀请彝族表演队、白族唢呐乐队、斗羊队等。活动内容分为"精彩火把节、经典火把节、欢乐火把节"三个时间段,以及新推出的"火把节选美、纳西族东巴祭火、火把跳赛"等项目。

彝族火把节源于当地传统,融入地方发展脉络。这一节庆由彝族传统文化节日演变而来,对地方经济、文化和社会发展起着重要作用。2018年8月5日至9日,凉山彝族火把节吸引了超过215万游客,旅游收入达到10.79亿元;仅8月5日晚的狂欢夜,参与人数就超过37万。然而,大量游客的涌入也带来了房源紧缺和交通拥堵等问题。为此,西昌市政府积极协调资源,如调配学生宿舍提供额外床位。在交通方面,2018年的火把节分为三个会场,每个会场都实行交通管制,并提供摆渡服务。此外,火把节还促成了多项地方旅游合作项目。例如,2018年的火把节举办了魅力中国城市文旅项目推介活动,仅当天就签署了20多个旅游项目合作协议,签约金额高达1134.98亿元。通过多种活动、美食和服饰展示彝族丰富的民俗文化,火把节不仅传承和弘扬了传统文化,也推动了凉山的文化旅游产业发展,并为当地旅游经济的振兴做出了巨大贡献。

2. 泰国水灯节

水灯节(Loi Krathong)是泰国、老挝、斯里兰卡、柬埔寨和缅甸等地区的传统节庆,其中最为著名的是泰国清迈水灯节。每年泰历12月15日(阳历11月),泰国全国范围内无论城市还是乡镇,只要濒临河港或湖泊,水面都会漂浮着灯篮,象征祈福。此外,水灯节还包括万人天灯、水灯小姐选美、歌唱比赛、花车游行、传统"箜"剧和古典戏剧表演等多种活动。泰国水灯节展现出浓郁的地域文化特色,通过灯光传达泰国本土文化,吸引来自世界各地的游客。这个节日不仅是泰国人民的传统文化庆典,也是一个跨文化交流的平台，让游客深入了解泰国的文化传统和习俗，为泰国旅游业的发展增添了独特的魅力。水灯节期间，大量游客涌入泰国各地，尤其是清迈，为当地经济和旅游业带来了显著的推动力。清迈水灯节之所以成功，是因为其深厚的文化底蕴、独特的旅游体验、国际知名度、社区参与以及经济效益等多方面因素的综合作用。

3. 日本"小樽雪灯之路"

小樽（おたる otaru）因其城内多坡路而被称为"坡城"，也曾一度面临人口外流和国际货轮减少等挑战而开始衰退。转折出现在1992年冬季的二月，小樽以其旧有、废弃的仓库等公共设施为场地，举行了雪与蜡烛的节庆活动，并以小说家伊藤整的作品《雪光之路》为灵感，将其命名为"小樽雪灯之路"。活动受到众多日本民众的青睐，甚至吸引了不少国际游客，至今，这一活动已经成功举办了21届。"小樽雪灯之路"由节庆执行委员会组织，并得到当地公民、商业街区、社区协会、企业、学校和志愿者的大力支持。在节事活动举办期间，城市的景观建筑中会摆放无数蜡烛，利用白雪和烛光的交融创造出梦幻般的氛围，吸引来自世界各地的游客。冰雪和火光的交织将这个曾经被忽视的小商港，转变成了现在的旅游重镇和浪漫之都。小樽雪灯之路一般分为手工线、运河和灯之路三个会场。

小樽雪灯之路的活动内容丰富多彩，包括与烛光相结合的手工冰雪雕塑（以雪景为主）、多种冰雪体验项目（如DIY冰灯、手拉小雪橇）、LED灯光与树木、建筑、雪景的展示，以及各种室内购物卖场和街边当地特色小吃等。每届节庆的预算约为2500万日元（约160万人民币），主要由政府补助、广告收入和企业赞助三大部分构成。2013年的调查数据显示，节庆期间基于游客消费带来的市内总销售额达到了44.37亿日元，同时还产生了14.85亿日元的拉动效应。这座人口仅有14万的小城市每年接待超过750万名观光游客，其中78万名游客过夜，旅游业的振兴为当地直接或间接带来超过1.85万个就业岗位，使这座曾经没落的小城重新焕发了生机。

表 5-4 "小樽雪灯之路"的举办时间以及游客数

回数	节事时间	游客数（万人）
10	2008年2月8日—17日	57.5
11	2009年2月6日—15日	47.2
12	2010年2月5日—14日	50.8
13	2011年2月4日—13日	57.3
14	2012年2月3日—12日	46.1
18	2018年2月9日—19日	48.8
19	2019年2月8日—17日	47.8

数据来源：由官网数据整理而来

"小樽雪灯之路"主办方灵活利用各种社会资源，多方协作，共创共享。无论是政府、民间、企业还是个人，无论是本国人还是外国人，都有较高的参与度和积极性，使得"小樽雪灯之路"活力可持续。每一个冰雪雕塑和蜡烛都是手工制作的，虽然没有华丽的场面，但结合城市街景和淡黄的灯光，为小樽市营造了一种怀旧而温馨的氛围。此外，组织方优秀的志愿者管理和宣传工作也是活动成功举办的重要推动力。每届活动平均吸引 1000—2000 名志愿者参与，近年来已超过 2000 人，其中海外志愿者主要来自韩国。他们协助制作蜡烛和冰灯，点燃蜡烛并回收，提供引导和派发传单，还负责收集问卷等多种工作。小樽政府每年都会统计社交媒体上展示小樽市观光信息的链接数量，并设立专门的旅游振兴小组，精心研究每一种可利用的社交媒体，力求以最低的投入实现最大化的广告效果。

第六章 灯光节：科技与艺术的融合创新

一、现代灯光节的起源特征

灯光节起源于欧洲各国首都和全球的创新科技城市，旨在汇集来自不同国家的艺术家，共同策划并实施视觉奇观。这类节日强调利用先进科技如 LED 灯光、投影技术和互动媒体，创造视觉壮观的体验，其演变过程已超越传统的灯光装饰置景，转向融合创意与创新的灯光艺术活动。艺术作品不仅展示技术的发展，更是艺术表达的平台，融合丰富的创意和先进的科技，与举办地的建筑、空间和文化紧密相连，展现出深厚的地域特色。现代灯光节如悉尼灯光音乐节和阿姆斯特丹灯光节，不仅美化了城市环境，也鼓励了社区的参与和居民之间的互动，激活了夜晚城市空间的同时，有效促进了当地旅游业及相关产业链的持续发展，推动了城市经济的繁荣。这些节日还体现了对环境保护的关注，坚持以环境友好为原则，采用 LED 光源等节能环保技术，并积极参与如 LUCI 协会这样的组织，致力于推动城市照明领域的可持续发展。

表 6-1 世界各地灯光节

举办城市	举办国家	首次	举办日期	游客人数(千人)	灯光节名称
欧洲					
里昂	法国	1999	6（12月）	4000（2016年）	Festival of Lights
萨尔特	法国	2003	1（9月）	2000（2018年）	Chatres en lumières
柏林	德国	2005	5（10月）	2000（2018年）	Festival of Lights
法兰克福	德国	2002	18（3月）	216（2018年）	Luminale
阿姆斯特丹	荷兰	2012	9（11月）	900（2017年）	Light Festival
埃因霍温	荷兰	2006	10（11月）	750（2018年）	Glow
根特	比利时	2011	31（1月）	640	Light Festival Ghent
达勒姆	英国	2009	4（11月）	240（2017年）	Lumiere Festival
普尔	英国	2018	15（2月）	20（2018年）	Light Up Poole
约克	英国	2008	27（9月）	50（2016年）	Illuminating York
阿林萨斯	瑞典	2000	5（10月）	87	Lights in Alingsås
布拉格	捷克	2013	11（10月）	460（2016年）	Signal
卡斯卡伊斯	葡萄牙	2011	21（9月）	400（2018年）	Lumina
布鲁塞尔	比利时	2013	14（2月）	180（2018年）	Bright Brussels
赫尔辛基	芬兰	2009	6（1月）	500（2018年）	Lux Helsinki
塔林	爱沙尼亚	2013	8（11月）		Valgus Biennaal
澳洲					
悉尼	澳大利亚	2009	26（5月）	2330（2017年）	Vivid Sydney
北美洲					
纽约	美国	2014	3（11月）	80（2014年）	New York's Festival of Light
巴尔的摩	美国	2016	7（3月）	470（2017年）	Light City Baltimore
蒙特利尔	加拿大	2000	22（2月）	1300（2018年）	MONTRÉAL EN LUMIÈRE
亚洲					
新加坡	新加坡	2014	24（3月）	2000（2018年）	i Light Marina Bay
大阪	日本	2003	14（12月）	3500（2012年）	Hikari Renaissance
北京	中国	2019	19（2月）	6（2019年）	Shangyuan Festival
广州	中国	2011	27（11月）	270（2017年）	Guangzhou International Light Festival
耶路撒冷	以色列	2009	27（6月）	250（2018年）	Lights in Jerusalem

资料来源：根据官网或主办方报告资料收集整理

二、国内外灯光节案例分享

1. 灯光节的标杆：法国里昂灯光节

里昂自建城伊始，灯光便在这座城市的历史长河中占据一席独特而重要的地位。法国里昂的灯光节（Fête des Lumières）起源于17世纪的一个传统节日，每年的12月8日，里昂市民会点燃蜡烛，庆祝圣母玛利亚主保节日。这一传统习俗在19世纪后期经历了一次显著的演变，逐渐发展成为一场规模宏大的城市盛事。1989年，为了提升城市美观度及增强安全稳定，里昂市政府推出了"灯光照明计划"，决定将每年12月8日的传统活动升级为一场更为壮观和艺术性更强的节庆。自那时起，每年12月初的四天里，里昂的街道、广场、建筑物以及公共空间均被灯光艺术家们精心装扮，城市被灯光装饰和艺术表演所点缀，呈现出一场视觉和感官的盛宴。这种灯光的魔幻变换不仅重塑了夜晚的城市景观，也让传统与现代艺术在光的语言中得到了完美融合。里昂灯光节如今不仅是城市的标志性文化活动，更被誉为世界上规模最大的灯光节之一，每年吸引着成千上万的游客和艺术爱好者前来。这个节日不仅展示了里昂对于文化遗产的尊重和创新精神的传承，也反映了城市对于公共艺术和社区活力的持续投资和承诺，使得它成为全球瞩目的文化盛事。

1999年，首届里昂灯光节举办，将光与里昂重新连接，赋予这座城市新的身份。现代流行元素与1852年的历史传统相融合，灯光节展示了遗产最美好的线条，照亮了文艺复兴时期珍贵的建筑物。80多个关于光影的艺术创作分布在城市的各个角落，通过多种形式吸引游客，将其带入一个充满梦幻、新颖奇特的世界。作为一项国际盛事，里昂灯光节以其设计感和精美的灯光装置而享有盛誉，采用艺术展品的年度竞争选拔机制，通过光雕、光影秀和交互体验装置等多样化的灯光展现，保障了里昂灯光艺术家的作品品质。活动内容涵盖灯光装置、灯光装置奖项评选、光的可持续性奖项评选以及Instagram比赛。2018年，里昂灯光节的主要项目种类从过去的4

种增加到7种，主要包括共创类、实物转变类、创新类、互动类、光效类、光源物体类以及投影影像类，具体项目包括光之颜料、灯笼果、吹亮愿望、预兆、光影聊天、倒影、一个小广场的那些大梦想、细胞、归泉、雨打芭蕉、本身即光、奇特的电梯等。

利益相关者的密切合作为里昂灯光节提供了持续的资金支持，确保了这一高预算活动年年能够成功举办。资金来源主要依靠政府、企业和公共机构的共同承担。在这种资金募集模式下，政府通常负责提供基础资金支持，保障节事的核心运营和组织需求得以满足。而企业和公共机构则通过赞助、捐赠或建立合作伙伴关系，提供额外的资金或实物支持，这不仅增强了节事的财务保障，还提升了其艺术与文化的呈现水平。这种多方参与的合作模式不仅保障了里昂灯光节的顺利进行，还促进了不同部门间的合作与交流，加深了公私合作的互利共赢关系。这样的资金支持结构使得里昂灯光节能够持续吸引和震撼全球观众，同时也为城市带来了显著的经济和社会效益，成为全球范围内备受瞩目的文化盛事之一。

公共服务配套完善，确保里昂灯光节顺利进行。作为全球著名的灯光节，里昂灯光节拥有完备的城市照明体系，并在都市夜游中心区域设立了发电设备、急救站等应急服务设施。里昂作为法国第二大城市，其银行、医院等公共服务设施配套完善。在灯光节期间，政府提供免费网络，严格管理交通，核心举办区禁止机动车辆和自行车通行，仅允许紧急服务车辆进入。为方便游客，各主要景点之间的道路在中午12点至午夜期间禁止停车，并提前72小时设置限停标志。市政厅、歌剧院、共和国广场的停车场也在节日期间开放。里昂作为旅游业发达城市，互联网服务体系建设完善，游客可通过网站或APP获取住宿、向导等所需信息。

里昂灯光节作为一项夜间旅游活动，显著激发了消费活力，使得这座城市成为文化遗产的焕发之地。此活动通过延长游客的逗留时间，对当地经济产生了多方面的积极影响，特别是在交通、住宿、餐饮和零售业方面。据统计，自2010年起，节日每年吸引的游客人数从300万增加到2014年的400万，而到了2018年，仅四个夜晚，里昂灯光节就接待了约180万名游客，包括约 10 万名来自意大利、瑞士、西班牙、德国和英国的国际游客。这一时间段内，里昂的酒店住宿预订量达到了惊人的 26 万人次。里昂灯光节不仅是一次科技、艺术和商业活动，还体现了城市夜间经济的潜力、文化和旅游的重要性。通过将焦点投射在城市的文化遗产、河流、街道和建筑物上，这一活动为古老的文化遗产注入了新生命。通过将传统文化与前沿的现代技术相结合，不仅提高了这些遗址的可见性和吸引力，还增强了公众对历史文化遗产的认知和欣赏。总体来说，里昂灯光节的成功举办，展示了文化遗产与现代技术结合的巨大潜力，对于其他城市的夜间旅游发展策略提供了宝贵的借鉴。

艺术创造助推产业发展，里昂的灯光节大幅提升了该城市的知名度，同时，不断完善的灯光艺术制作产业链和高水平的创意制作工艺，也使里昂赢得了联合国教科文组织授予的"新媒体艺术之都""创意之都"和"LED之都"的称号。这一节日已经成为当地照明产业推广的一种有效宣传方式。2002 年，里昂市政府率先成立了国际城市照明协会（Lighting Urban Community International），同时，世界各地的艺术家和照明企业在参与灯光节的过程中进行经验交流，共同促进了照明技术的发展和进步。每年参与活动组织的数量接近 60 家，它们以提供投入资金或场地等形式进行赞助。此外，世界各地也纷纷效仿里昂的灯光节，每年有超过 50 个官方代表团前来考察，从中吸取经验，里昂的灯光节显然已成为其他类似活动学习的典范。

2. 交旅融合的典型：德国柏林灯光节

柏林灯光节是 2005 年首次举办，由知名灯光设计师 Andreas Boehlke 与资深节庆组织者 Birgit Zander 联合创立，拥有"世界最大彩绘节"的赞誉。截至 2022 年，节庆已成功举办十八届，成为全球关注的灯光艺术盛会之一。柏林灯光节以其独特的舞台——德国首都的重要建筑、纪念碑及广场，每年吸引来自世界各地的顶尖艺术家。在超过 70 座知名建筑如勃兰登堡门、柏林电视塔、柏林大教堂和波茨坦广场等地，艺术家们运用先进的全息投影技术，创造出引人入胜的视觉奇景，同时通过富有层次的故事讲述和文化艺术展现来传递深远的主题思想。作为德国文化的枢纽，柏林灯光节致力于呈现该城市的历史深度与文化丰富性，通过每一届的主题展示弘扬自由、人文关怀和历史正视的价值观，同时宣扬一种自由精神。这一文化活动不仅显著提升了柏林作为国际旅游目的地的吸引力，也促进了城市的国际形象和旅游业的发展。每年，数以万计寻求艺术灵感和文化新体验的游客被吸引至柏林，不仅推动了当地经济的增长，也加深了国际的文化交流和理解。

差异化经营疏通夜游交通难点，创新产品应运而生。主办方与交通运输公司共同推出的"灯光之旅"项目，成功解决了柏林灯光节期间景点分散、移动耗时长以及夜晚交通不便等难题。同时，柏林提供多样化的公共交通选择，满足游客不同的需求，其中包括光导（步行导览）光轮（公共汽车）、光船、观光XL（巴士和轮船）、观光旅游（巴士和轮船）、带照片站的巴士旅游、观光加长豪华轿车之旅、轻型运输车、光行（有导游的徒步旅行）、光照灯、轻型自行车TAXI（自行车出租车）以及光气球等多种创新产品。

柏林灯光节的可入性强，得益于其完善的基础设施。公共交通工具如公交、地铁和出租车以及景区、博物馆等场所延长营业时间，为游客在各个景点之间的换乘提供了便捷服务。城市照明体系的完备和夜游中心区域的紧急服务设施，如发电设备和急救站，为夜游项目的顺利运营提供了保障。此外，主题夜市、24小时商店等商业机构为灯光节的顺利举办提供全力支持，而银行、医院等公共服务则为灯光节提供支撑。在基础设施之外，灯光节还与官方酒店合作，为游客提供更便捷的住宿服务和更好的配套设施。这些酒店也是灯光节的主要景点之一，使得游客不必离开酒店即可欣赏到灯光秀的壮观景观。

3. 城市品牌塑造的标杆：缤纷悉尼灯光音乐节

缤纷悉尼灯光音乐节（Vivid Sydney）是世界三大灯光节之一，2009年首次举办，吸引了来自澳大利亚和世界各地的照明艺术家、设计师和制造商。缤纷悉尼灯光音乐节最突出的其实是内容项目优势，主要分为三部分：

国际创意产业论坛（Vivid Idea）、免费户外艺术照明雕塑和装置的公共展览（Vivid Light），以及前卫的音乐节目演出（Vivid Music）。在这期间，商业和创意先锋聚集在一起，进行专业发展、行业信息、市场机遇和创新的交流。

悉尼灯光节的活动场地包括海关大楼、悉尼海港大桥、环形码头、悉尼皇家植物园、塔龙加动物园、达令港、布兰格鲁保留区、悉尼歌剧院、英皇十字区以及悉尼当代艺术博物馆。其中，最主要的节目之一是灯光秀项目，如悉尼歌剧院的点亮千帆主题灯光秀、月神公园的灯光秀、皇家植物园的 Aqueous、The Bloom、Snugglepot and cuddleple、Parrot Party，澳大利亚当代艺术博物馆的灯光秀以及达令港的 Fantastic oceans 等。

新的文化创新创意载体，新的旅游经济增长点。缤纷悉尼灯光音乐节将传统文化通过新的载体呈现出来，将单一的灯光装置呈现与音乐节形式结合，从观赏性质的节事变成游客参与感极强的狂欢大聚会。同时邀请众多的艺术家参与其中，让灯光节从单一表现照明技术，发展为集声光电多种技术相融合的综合类灯光艺术节。悉尼通过灯光秀吸引人流，带动城市旅游和经济发展，让文化资源变现，推动了新南威尔士州的经济发展，巩固了悉尼作为亚太地区创意服务中心的地位。2017年官方数据显示，233万人参加了缤纷悉尼灯光音乐节，为当地经济贡献了超过1.43亿美元。有135841套悉尼灯光节旅行套餐售出（同比增长53.7%），其中包括65491套国际旅行套餐（同比增长48.3%）和70350套国内旅行套餐（同比增长59.1%）；23009名中国游客消费了悉尼灯光节旅行套餐（同比增长29%）；在印度销售6738套旅行套餐（同比增长431%）；在美国和新加坡销售超过5500个旅行套餐；在日本销售5062个旅行套餐。168家洲际和国际媒体访问了悉尼灯光节，同年，Facebook粉丝量超过47万。由于悉尼不仅是通往澳大利亚的门户，还是通往新南威尔士乡村地区的门户，整个州都能在新南威尔士政府在旅游业和重大活动方面的投资中获益，新南威尔士州的乡村地区也同样受益于该节事的举办。

4. 小城旅游振兴：英国都柏林灯光节

Lumiere Festival 是英国最大的灯光节，首届于 2009 年 11 月 12 日至 15 日举办，之后每两年举办一次。该节邀请当地和国际艺术家共同创作，通过一些轻型艺术装置，照亮标志性建筑和位置，改变人们体验城市环境和黑暗冬夜的方式，重构建筑和公共空间的作品。由 Artichoke 制作的 Lumiere 意在通过艺术改变人们的生活方式，激励他们以不同的视角看待世界。此外，Lumiere 还促进了英国及其他地区社区的聚集，推动人们学习和参与项目，探索新技能，挖掘遗产的潜力。英国的灯光节受其他欧洲城市光庆典的影响很大，参考里昂灯光庆典的模式，与相对固定的艺术家团队合作，让艺术走出剧院、音乐厅和画廊，进入公共空间，每年都呈现给人们不同的作品。灯光节给当地带来巨大流量和收益。2009 年，活动为期四天，吸引了 7.5 万人参加，中央展览在达勒姆大教堂举行，使用 Lindisfarne Gospels 的投影图像进行照亮。2011 年，规模更大的活动吸引了超过 15 万名游客，为当地经济创造了 430 万英镑的收入。2013 年，游客人数达到 17.5 万人，当年在 Elvet 大桥上安装了步行大象的 3D 投影。2016 年和 2018 年，Lumiere London 在首都举行，覆盖了西区的大部分区域，如牛津街、摄政街和皮卡迪利以及改造的 Mayfair、King's Cross、滑铁卢和南岸，访问量超过 130 万人次。2019 年的 Lumiere 于 11 月 14 日至 17 日在达勒姆举办。据统计，每年节庆期间有 1 万多张酒店床铺售出，2015 年达勒姆郡游客的人均净支出为 22.87 英镑；东北部游客人均消费为 29.88 英镑；来自英国其他地区的游客住宿费用为 202.39 英镑，游客有 45% 的消费用于食物和饮料。

表6-2　2009—2015 年英国灯光节参与人数和收益情况

年份	城市	访问人数（人）	收益（亿）	投资报酬率
2009	Durham（城市人口5万名）	75000	21.8	
2011		150000	62.6	983%
2013	Derry	175000	84.5	1,358%
2015	Durham	200000	138.8	1,374%

数据来源：由官网数据整理而来

5. 科技与生活构建的荷兰埃因霍温灯光艺术节

荷兰埃因霍温的灯光艺术节，依托自身高科技聚居地的优势，通过展示重点强调新照明技术的运用、多样的创意照明家具及环保素材的使用，使其在国际上脱颖而出。GLOW Eindhoven 灯光艺术节是埃因霍温的年度盛会，由 GLOW Eindhoven 基金会组织，旨在为埃因霍温市中心带来全新的面貌，也可视为 35 位灯光艺术家在埃因霍温公共空间中的展览。每一个作品都由来自埃因霍温的国际知名设计师、技术人员和艺术家设计，并与当地高科技公司合作或联合制作，超过 65% 的项目都是在埃因霍温本土创造的。

埃因霍温作为飞利浦公司所在地，其科技创新力对灯光节产生了巨大的影响，灯光技术与设计完美结合，以城市为强大支柱，通过光激发人的想象力，从而营造节庆氛围。GLOW 的庆典作品强调运用新的照明技术与多样的照明器具，如 Energy Floors（踩踏产生的动能可以产生光亮电能）、Clouds（6000 个被丢弃的灯泡）、Giant Dandelions（9000 个水瓶）。

6. 巴洛克艺术的夜间载体：光雕艺术节

Luminarie（光雕）这个词来源于拉丁语中的 lumen，字面意思是发光的物体，但在更广泛的意义上，它也被用来表示任何使用灯光的庆祝活动。Luminarie 是以巴洛克艺术风格为依托采集传统欧洲的建筑美学元素，融合建筑、绘画、雕刻、美术等艺术手法并加以灯、光、电的应用创造出的庆典环境素材。Luminarie 的起源时间虽不能精准确定，但学界和行业协会公认其传播是在巴洛克时代，起初是利用彩灯、彩色玻璃装饰建筑物庆祝宗教盛典，直到 19 世纪初期加入了电的使用。

2003 年意大利 Scorrano centenario 节事活动开启了 Luminarie 在城市夜间活动的应用，随后美国、德国、西班牙、日本和韩国等各国相继开办 Luminarie 庆典或展会，使其成为当今极具特色的夜间节事活动。Luminarie 从意大利发展到德国、美国、西班牙、日本等国家，每年都隆重举办，如：意大利，Patron Saint festivity（2003）；日本，Kob Luminarie festival；韩国，

Bucheon Luminarie 节（2003）；西班牙，瓦伦西亚；波兰，托伦美丽的天空节；美国，狄尔斯波罗灯节。随着快速发展，Luminarie 被公认为能够吸引旅游者的景点和文化旅游资源，并被用以提升地区形象。例如，在阪神大地震之后，神户的旅游业经历了一段低谷期，而"光明节"被视为将旅游业带回神户的原因之一。Kobe luminarie 节每年吸引约 400 万人，募集约 130 万美元的捐款，实现约 610 万美元的赞助和商品销售。Bucheon luminarie 节调查（由活动经营者进行的调查）表明，游客对与 Bucheon 相关的城市形象意识平均提高了 48%，由此带来的经济影响增加了 47 亿韩元，创造了 133 个新工作岗位。

通常，luminarie 的展示场地是当地的公共场所如公园、广场、高楼大厦，但由于展示空间缺乏可转让性和重复利用率低，在某种程度上中小型城市难以承担此类活动的高预算，因此 luminarie 活动在中小城市很难得到延续。

7. 国内灯光节案例分析

目前，世界各地都在探索以灯光节为核心的夜游模式，灯光节的热潮已从国外传至国内，国内的灯光节呈现出蓬勃发展的态势，从大城市到小景点，处处都有灯光节的身影。国内目前较为知名的灯光节包括广州国际灯光节、北京蓝色港湾灯光节以及深圳光影艺术季，而上海和香港则以展示国际知名灯光艺术作品为主。

广州国际灯光节是我国较早开始且知名度较高的灯光节，2011 年首次举办，经过多方的悉心栽培，于 2015 年入选联合国教科文组织"国际光年"大型文化活动，成为一张代表广州城市形象的新名片。灯光节分布在广州塔、花城广场、黄埔区分会场、珠江前航道桥梁以及珠江新城 12 座连廊多个会场，活动内容以光影秀为主，通过在广州塔、珠江航道桥梁等广州地标性建筑上架设灯光装置，或以其为载体呈现 3D 光影秀，其中每年的广州塔秀都是广州灯光节的重头戏。北京蓝色港湾灯光节于 2008 年首次在朝阳公园蓝色港湾举办，项目包括《STALACTITE》《OCTOPODA》《PARROT PARTY》等，创新地将具有艺术审美价值的光影展品与商业空间结合起来，让艺术以更加平民化的形式展现出来，提升城市的幸福感和想象力，更新城市形象。深圳光影艺术季是一个集合了高科技光影技术和现代艺术的年度节庆活动，旨在通过创新的视觉艺术展示，增强城市的文化魅力和国际知名度。该艺术季通常在深圳的多个标志性地点举行，包括户外灯光表演、互动艺术装置、光影演出以及数字艺术展览等多种形式。活动特色包括利用先进的技术手段如3D投影映射、LED光雕和激光技术，结合艺术家的创意，营造独特的视觉和感官体验。每届光影艺术季都会围绕一个具体的主题设计，不仅展示顶尖的国际和国内艺术创作，还包括音乐表演、专题研讨会和互动体验等活动，为观众提供全面的艺术享受。深圳光影艺术季自举办以来，已成功吸引了众多国内外艺术家参与，并且每年都能吸引大量的本地市民和国际游客。通过这种文化展示，深圳不仅突出了自身作为一个充满活力的创新城市的形象，也促进了当地文化旅游业的发展，使城市文化生活更加丰富多彩。

三、灯光艺术节战略探索

灯光艺术节作为推动城市夜间旅游的成功探索，不仅促进了当地旅游业和照明产业的发展，还深化了城市文化与历史的表达。利用高新科技，这些艺术作品与城市的建筑、空间和文化密切相关，有效激活了城市的夜间空间。以法国里昂灯光节为例，其源自政府的"城市照明计划"，旨在提升城市美观和安全，已成为推动地方经济增长的典范。

结合城市的旅游淡旺季，灯光节的举办时间通常选择在冬季，这一策略不仅回应了季节性游客流量减少的挑战，而且通过创造引人入胜的夜间景观，增加了旅游和消费的吸引力。重点亮化的建筑和景点，如里昂的圣主大教堂、柏林的勃兰登堡门以及广州的广州塔等，都通过灯光艺术赋予了传统建筑以崭新面貌，提升了游客体验，延长了他们的逗留时间，并促进了区域消费。此外，灯光艺术节的内容设计对目标市场进行精准定位，尤其是满足年轻消费群体追求新奇、个性和艺术多元化的需求。例如，悉尼的灯光音乐节将灯光展与音乐节相结合，迎合年轻人的审美和娱乐偏好，提供了一种压力释放的社交场合。

科技和艺术是灯光节的重要支撑，共同推动灯光节成为富有影响力的文化和视觉体验。科技在灯光节中的作用主要体现在提供先进的技术支持和工具，使得艺术创作和展示方式更为多样化和创新。例如，3D投影技术、LED照明、激光显示和全息技术等都是常见的灯光节技术，它们能够在建筑物或空间上创造出令人惊叹的视觉效果。这些技术不仅能提升观众的视觉体验，还能实现复杂的艺术概念，使艺术作品具有更强的互动性和参与感。艺术则为灯光节注入创造性和情感表达。艺术家们通过利用光影的变化，不仅美化了城市空间，还能够讲述故事、表达情感或反映社会主题。艺术作品通过灯光节这一平台，可以达到教育、启发思考以及提供美学享受等多重目的。此外，艺术还有助于强化社区的文化认同，通过公共艺术项目增强居民对城市的归属感和骄傲感。总之，科技提供了实现艺术愿景的可能性，而艺术则赋予技术以深刻的人文意义和审美价值。二者在灯光节中的融合，不仅极大地丰富了城市的夜生活，也促进了文化、经济和社会的多方面发展。

第七章 文化遗产：民众的夜间分享

城市夜间文化艺术节让文化遗产成为大众夜间休闲与旅游的重要空间，同时也是城市独特魅力和审美水平的呈现。城市夜间文化艺术节往往依托于城市的博物馆、美术馆、展览馆、广场等文化遗产，通过延长其开放时间，融以光影秀、光雕、灯光交互装置，加入文化艺术表演、休闲娱乐活动等元素，展示自己独特的文化遗产和资源，从而引导新夜间城市文化旅游项目的发展。1989年，芬兰的赫尔辛基主办了"艺术之夜"，被视为城市夜间文化艺术节的里程碑。欧洲其他城市很快也效仿起来，比如丹麦的哥本哈根文化之夜（1995年）和德国的柏林"博物馆长夜"（1997年），国家首都及辐射区域和省级"文化首都"明确提出利用其关键的文化遗产资源来发展各类节事活动，试图使传统遗产如博物馆、历史文化遗迹与新项目相融合。2002年，Nuit Blanche在巴黎的出现标志着城市夜间文化艺术节（UCCAF）全面开始并进入高速发展阶段，城市作为创意点的中心也受到政策制定与实际践行的重点关注。

一、博物馆之夜

早在20世纪80年代，就有博物馆开始尝试在夜间开放，以延长游客参观时间。1997年德国柏林市政府联合13家博物馆，发起了"博物馆之夜"，结合其他文化体验项目，给游客带来别样的体验，自此"博物馆之夜"这个概念开始在欧洲出现，各个国家依据自己的特色和适合的时间段，逐步打造不同样式的"博物馆之夜"。德国虽然最早尝试"博物馆之夜"这项活动，但进一步把这个概念做大并推广的是法国。2005年起，该活动已经推广到了全欧洲41个国家，自此该活动也成了"欧洲博物馆之夜"。截至2022年5月24日，"欧洲博物馆之夜"已经举办了18届，并吸引了全欧洲超过3000家的博物馆、艺术馆参与其中。

2014年4月26日，中国国家博物馆首次开放夜场引起了极大的社会关注，2014年5月1日至3日期间，浙江省博物馆武林馆区也开始了首次的夜间"加班"。同年5月18日，上海市12个区县近40家博物馆延长开放至晚上9点。以柏林、巴黎为代表，博物馆之夜已成为当地"节庆式"的文化狂欢夜。"欧洲博物馆之夜"展现了博物馆的另一面，打破白昼中博物馆的静谧、庄严，联合其他文化场馆开展多样的活动，使夜间的博物馆更加"平易近人"，让观众感觉更加轻松自在，也在持续激发游客的好奇心去探寻平时无法在闭馆之后参观体验的场景。凭借"博物馆之夜"这项活动，博物馆摇身一变成了不单是参观展物，学习历史的地方，更是一个艺术的殿堂、活生生的现场剧院、人与人交际的会馆、国家与国家共通的钥匙。

表7-1 部分"博物馆之夜"举办时间

序号	举办地	举办时间
1	阿根廷 布宜诺斯艾利斯	9月第三个周六下午至周日凌晨
2	奥地利 维也纳	10月第一个周六
3	德国 柏林	8月最后一个周六至周日凌晨
4	俄罗斯 莫斯科	5月第三个周六下午至周日凌晨
5	法国 巴黎	5月第三个周六下午至周日凌晨
6	荷兰 阿姆斯特丹	11月第一个周六至周日凌晨
7	捷克 布拉格	6月第二个周六至周日凌晨

续表

序号	举办地	举办时间
8	克罗地亚 全国	1月最后一个周五至周六凌晨
9	瑞士 巴塞尔	1月最后第三个周六至周日凌晨
10	匈牙利 布达佩斯	6月第3个周六下午至周日凌晨
11	意大利 罗马	5月第二个周六
12	英国 伦敦	5月14日-5月16日；10月最后一个周四-周六

注：资料由各举办地官网整理

1. 博物馆之夜的创立者：德国柏林

德国柏林可谓是开办博物馆之夜的起始，1997年，柏林博物馆之夜是由柏林国家博物馆、柏林州立博物馆、区博物馆和社会机构联合举办的夜间节事活动，由柏林博物馆教育服务中心（MD Berlin）集中组织。每年有70到80个博物馆参加这个特殊的夜晚活动，除了博物馆岛上博德博物馆、阿尔特斯博物馆、阿尔特国家画廊、佩加蒙博物馆、新博物馆等五大历史悠久的公立博物馆外，还包括岛上的乡村博物馆、艺术馆和技术博物馆、天文馆和城堡等，同时分散在市内各区的小型特色博物馆也是活动的主要构成部分。活动形式不仅是参观博物馆、美术馆等历史文化场所，活动方还安排专业讲解员，并邀请科研人员现场展示文物修缮、保护等相关工作，参观者也可以自己动手亲身体验。此外，展馆内外还将举行影片展映、戏剧表演、音乐会、朗诵、灯光表演、时装秀、大咖见面研讨会等多样化的活动。2019年同在德国的汉堡"博物馆长夜"甚至引入了风靡全球的手游"Pokémon GO"进入活动现场。

便捷的交通基础设施服务，全场一票通，甚至包括无限次使用的穿梭巴士，降低游客们参观的时间成本，更提高了对整个活动体验的满意程度。柏林的博物馆之夜每年有特定主题，活动通常在1月下旬或者8月的最后一个星期六，从晚上6点开放至次日凌晨2点，参观者可以凭一张票进入所有参与的场馆，这张票还包含下午3点至凌晨5点之间穿梭巴士的免费乘车服务。宣传和网站信息提供德语和英语版本，目标受众包括当地和国际游客。以第六届柏林博物馆之夜为例，整个活动共有71个场馆参与，61个场馆直接与巴士接驳服务连接，另外10个场馆则可以通过公共或私人交通工具到达。10条巴士接驳线路中的6条以柏林市中心的宫殿广场为起点，该广场靠近柏林大教堂、博物馆岛、德国历史博物馆和德国古根海姆博物馆。

2. 注重文化传承的法国博物馆之夜

法国"博物馆之夜"的概念由法国文化部于1999年提出，通常在5月的第三个周六举行。最初，这一活动旨在鼓励人们重新发现博物馆的多样性极其丰富的藏品。自2001年起，该活动向欧洲委员会39个成员国的所有博物馆开放，主要目标是鼓励当地居民参与这一文化倡议。2005年，该活动扩展到整个欧洲，使法国"博物馆之夜"成为"欧洲博物馆之夜"的重要组成部分，重点吸引年轻人和家庭在夜间参观博物馆。

和其他欧洲国家的"博物馆之夜"一样，法国"博物馆之夜"通过延长博物馆开馆时间至深夜，吸引了大量观众。除了延长开馆时间，部分博物馆还增添了一系列文化娱乐休闲活动，如专题讲解、美食品鉴、音乐演绎、游戏体验、读书分享和主题展览等。例如，卢浮宫在"博物馆之夜"期间会邀请巴黎当地学校和凡尔赛学院带来舞蹈表演；奥赛博物馆会在活动期间举行电子音乐背景下的芭蕾舞演出；国立毕加索美术馆则会在花园中邀请马戏团进行表演。根据法国文化部的数据，2016年5月21日，法国共有1200家博物馆在"博物馆之夜"期间免费开放至凌晨，共接待超过200万参观者。除了琳琅满目的展品外，还有爵士音乐会、黑暗秘籍寻宝、知识竞赛等精彩纷呈的活动，为"博物馆之夜"增添丰富多彩的体验。这些多样化的活动不仅提升了参观者的参与度和互动性，还为传统的博物馆之旅带来了全新的体验，进一步促进了文化的传播和共享。

大众的需求是活动更新提升的主要方向。法国"博物馆之夜"通过夜间免费或低价开放博物馆等系列手段，使文化艺术品为大众所共享，给予更多人接触博物馆和艺术馆的机会。同时，法国文化部积极推进"博物馆之夜"与青少年教育相结合,通过专门开展大量针对下一代的教育活动,从小培养孩子对历史文物和艺术的欣赏习惯。例如,2016年,法国文化部与教育部合作举办的"课堂与作品"项目成为当晚博物馆之夜活动的亮点之一。活动期间,法国各地的小学生成群结队来到博物馆,通过聆听讲解和动手实践等活动度过了一个充实的夜晚。2019年活动期间,大约有1300家博物馆免费开放至凌晨,并开展专题讲解、美食品尝、音乐演出、游戏体验、读书分享和主题展览等一系列文化活动。同时,法国文化部继续与教育部合作,推出青少年文化艺术教育活动,部分博物馆专门接待小学生和中学生,举办以"文化传承"为目的的课外艺术课堂。

3. 优质场馆资源的英国博物馆之夜

英国博物馆之夜与欧洲的"博物馆之夜"活动和国际博物馆日(5月18日)相呼应。首次举办于2009年,每年两次,英国艺术委员会为其提供资助,并由Culture24(英国慈善机构)运营和管理。在伦敦博物馆之夜期间,城市中的众多博物馆和艺术遗产场馆在正常营业时间之后特别开放,提供各种独特和创新的活动。游客有机会在夜间体验这些场馆,参加特别展览、讲座、互动体验和艺术表演等活动。伦敦作为英国的文化之都,开展夜间活动的博物馆非常多,并且活动各有特色,其中最有代表性的要数泰特美术馆和自然历史博物馆。泰特美术馆会展示艺术家们最新的服装设计作品,并带领游客探索当下流行的街头装扮,举行相关讲座和现场演出。官方数据显示,2012年英国博物馆之夜召集了216个英国城镇,有297个遗产组织和119个艺术组织参与其中,416个场馆举办了537场活动,共有12.1万人到访参与。416个场馆按照类别来看,大多为博物馆、画廊、古建、城堡、花园、景区机场等等。博物馆之夜为游客提供了重新发现或以新视角看待身边艺术和遗产场馆的机会,如今在英国,参加博物馆夜间活动成为年轻人时尚的周末消遣方式之一。

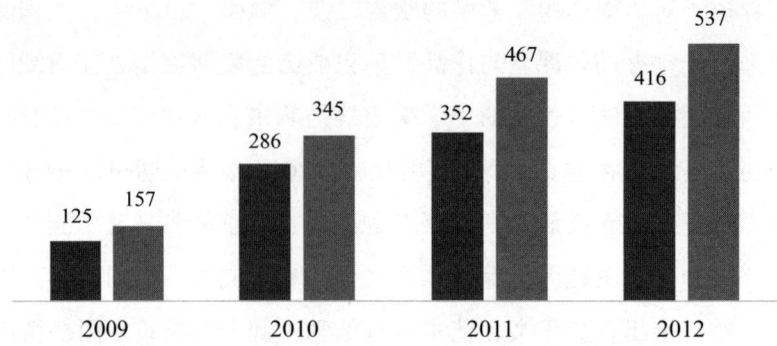

图 7-1　英国伦敦博物馆之夜场馆和活动情况

表 7-2　英国伦敦博物馆之夜访客情况

举办年份	开办时间	访客人次（人）
2009	5月16—17日	34000
2010	5月14—16日	85000
2011	5月13—15日	105000
2012	5月18—20日	121000

数据来源：伦敦博物馆官方数据整理

　　优质的博物馆资源是英国"博物馆之夜"取得成功的根本条件，互动体验与个性化产品是关键，通过先进的技术、个性化的体验产品，游客不仅视觉得到满足，更是全面融入夜间氛围里。为了进一步提升活动吸引力和品质，伦敦博物馆之夜的运营方做了针对游客的多年跟踪调研，"愉快、特别、有趣的、有氛围的、长知识、有创造力的、迷人的、富有知识的"等关键词是游客给出的对于英国伦敦之夜的描述评价，其中"活动具有吸引力""希望体验夜间博物馆""非常规时间参观场馆""体验一些不同寻常的事情""亲友社交""晚上出行便利"是博物馆之夜游客到访的主要原因。此外，伦敦博物馆之夜的成功也离不开多方的通力合作和多元的节事活动资金来源，Culture24 也在不断巩固其与国家信托基金会、历史名胜协会、英国文化遗产、遗产彩票基金、天空艺术、英国旅游局和独立博物馆协会的节日合作伙伴关系，吸引更多新的场馆参与。

4. 荷兰阿姆斯特丹"博物馆之夜"

阿姆斯特丹"博物馆之夜"的理念源自柏林"博物馆之夜",首次举办于 2000 年,由四名阿姆斯特丹博物馆员工和四名阿姆斯特丹大学学生共同创立。2003 年,阿姆斯特丹"博物馆之夜"基金会(Amsterdam Museum Night Foundation,简称"N8")成立,旨在向当地年轻人介绍城市的博物馆,并吸引他们走进博物馆体验文化活动。每年 11 月的第一个周六,基金会联合参与博物馆、文化机构及合作伙伴赞助商,通过开展多种形式的活动,为游客提供多元化的体验。这些活动包括特别展览、音乐演出、艺术工作坊和互动讲座等,使博物馆之夜成为一个充满活力和吸引力的文化盛会。

目前,阿姆斯特丹"博物馆之夜"已发展成为该市中心地区最盛大的活动之一。2013 年 11 月 2 日晚 7 点至凌晨 2 点,阿姆斯特丹"博物馆之夜"吸引了 50 个博物馆参与,共举办了超过 270 项活动。多样化的活动形式,如工作坊、阅读、音乐表演、戏剧和舞蹈表演、特别博物馆参观和辩论赛等,吸引了超过 3 万名游客。活动期间,除了博物馆开放至深夜外,阿姆斯特丹全市还举办露天演唱会、爵士音乐会、诗歌朗诵会和美食节等各种活动。大部分博物馆还为游客提供食物和饮料。根据阿姆斯特丹博物馆之夜基金会(N8)的年度报告统计数据,大约 50% 的游客是首次参与这一活动,且 77% 的观众年龄在 18 至 35 岁之间。这些数据证实了阿姆斯特丹"博物馆之夜"在吸引年轻人参观博物馆及其他文化场所方面取得了巨大成功。通过这一盛大的文化活动,阿姆斯特丹不仅成功地吸引了大量年轻观众,还提升了城市文化氛围和博物馆的社会影响力。

2023 年,阿姆斯特丹博物馆之夜基金会与 Uber、NIKON 尼康、阿姆斯特丹市政公共交通运营商 GVB(通常非正式地称为 de GVB 或 het GVB)以及阿姆斯特丹市政府 Gemeente Amsterdam 等赞助商合作,为游客提供优质便利服务。活动期间,游客可以在参观的第一个博物馆凭借门票换取便于携带的腕带。为方便游客夜间畅游博物馆,特地开通了博物馆线路电车,游客只需出示博物馆之夜腕带即可在晚上 7 点至凌晨 1 点半之间,免费在该线路的所有站点上下车。此外,联合 Uber 推出了优惠打车代码,使博物馆之夜期间下午 6 点到凌晨 3 点使用 Uber 应用的新用户可节省 50% 的首次乘车费用。凭借腕带，游客还可以在博物馆之夜结束后至 12 月 31 日期间再次免费参观一些博物馆。通过与这些合作伙伴的紧密合作，阿姆斯特丹博物馆之夜不仅提升了游客的便利性和体验感，还进一步提高了文化活动的普及和参与度。

5. 杭州奇妙夜

为了传承城市文脉并重现千年前"钱塘夜市"的盛况，杭州市精心打造了融合多种宋韵杭式生活体验和艺术类型的"杭州奇妙夜"这一城市和文旅 IP 品牌活动。自首届活动以来，"杭州奇妙夜"已连续举办四届，成为具有高辨识度和品牌影响力的城市文化活动。为了满足市民对美好生活的追求，围绕高质量发展和物质精神共同富裕的目标，2021 年，"杭州奇妙夜"推出了"奇妙博物馆"板块，将文化、旅游与博物馆、数字经济有机融合，创新探索文物活化。活动邀请了包括甘肃省博物馆、苏州博物馆在内的 12 家博物馆，共同打造了一个奇妙的城市文化消费空间。每个博物馆带来了具有地方代表性的文物，并结合现代艺术和跨越千年的文创产品，吸引了大量文博爱好者。2022 年，"杭州奇妙夜"以宋韵文化的深度表达和创新诠释为核心，开设了"宋韵博物志"板块，汇集了浙江省博物馆、中国丝绸博物馆、杭州博物馆等省内主要博物馆，以及西泠印社、西湖琴社、文楮阁、雅宋堂等单位的展品。市民和游客还可以在博物志市集上购买与宋韵相关的博物馆文创产品。2023 年，"杭州奇妙夜"的核心板块"奇趣博物"在杭州博物馆北馆门口展示，浙江省博物馆、南京市博物总馆等 10 家博物馆带来了各自馆藏展品（复制品）和衍生 IP 文创产品。游客可一站式领略博物的奇趣，触摸古老东方的历史文明。同时，杭州博物馆推出"杭博夜游"体验，延长展馆开放时间，游客通过博物馆公众号预约后，由专业讲解员带领感受夜间博物馆的神秘与精彩。截至目前，杭州奇妙夜累计集结了 43 家次博物馆，展出了丰富的藏品和博物馆文创产品。文化是深沉而持久的力量，杭州奇妙夜通过三年的实践，积极推动文化和旅游产业的融合，丰富了城市生活内容，提高了人们的多元文化旅游体验，也为"夜间经济"注入了新的内涵，树立了城市夜游品牌建设的典范。

6. 南京博物院奇妙夜

1933 年，由蔡元培等人发起建立的国立中央博物院，是中国第一座由国家投资建设的大型综合类博物馆。随着人们物质生活水平的提高、夜间休闲时间的延长及精神消费需求的增加，南京博物院于 2016 年 5 月 18 日首次举办了"博物馆奇妙夜"活动，并在每年的国际博物馆日（5 月 18 日）持续举办这一活动。除了延长开放时间，南京博物院还安排了非物质文化遗产展演等丰富多彩的活动。首届"博物馆奇妙夜"活动期间，南京博物院推出了汉代舞蹈、昆曲演唱和民俗表演等节目，并在不同楼层的大厅里分时段演出，总计吸引了 5167 人次前来参观。2019 年，南京博物院联合六朝博物馆、明孝陵博物馆等 8 家博物馆举办了"在博物馆遇见未来"主题夜间开放活动，推出汉服走秀《穿悦》和现代舞《二十四节气 花间十二声》等节目，吸引了超过 5200 名游客体验这一大型"穿越之旅"。活动还通过江苏交通广播网和荔直播等平台全程直播，方便无法亲临现场的观众观看。2020 年，南京博物院迎来了第五届"博物馆奇妙夜"，同时也是当年"5·18 国际博物馆日"的中国主会场，这次活动首次尝试线上线下结合的传播方式，提供丰富精彩的文化盛宴。

二、白夜节 Nuit Blanche

Nuit Blanche 也被称为"白夜"（White Night），创始于 2002 年的法国巴黎，是全球性的夜间城市艺术节。白夜节出现后的十年间，很快被欧洲和北美城市采用和模仿，扩展到 5 个首都（巴黎、罗马、里加、布鲁塞尔和马德里）。至今，每年都有世界各地的 30 多个城市共同响应。白夜节一般在城市中心区举办，针对"都市创新"及"公共空间设计"两大核心概念，为市民提供亲近艺术及城市的场域，具有"跨夜举办""免费参加"及"公民参与"三大特色，通过延长市内博物馆、展示馆和政府等文化艺术建筑的开放时间，加入横跨剧场、马戏、舞蹈、音乐、行为艺术、新媒体艺术等不同领域的文化艺术表演、休闲娱乐活动等元素，引导新的夜间城市文化，让人们自然接触艺术，自由穿梭于城市空间，打破大众娱乐与纯艺术的界线。

表7-3 白夜节部分举办城市概况

序号	主办城市	国家	起始年	举办时间
1	巴黎	法国	2002	10.2
2	墨尔本	澳大利亚	2013	2.23
3	拉帕兹	玻利维亚	2011	10.24
4	蒙特利尔	加拿大	2004	2.27
5	多伦多	加拿大	2006	10.3
6	埃德蒙顿	加拿大	2015	9.26
7	哈利法克斯	加拿大	2008	10.17
8	纽约	美国	2010	12.1
9	波士顿	美国	2014	10.10
10	萨格勒布	克罗地亚	2015	9.26
11	马拉加	西班牙	2008	5.6
12	马德里	西班牙	2006	9.15
13	萨拉格萨	西班牙	2012	6.20
14	塞维利亚	西班牙	2012	10.2
15	博洛尼亚	意大利	2013	1.30
16	罗马	意大利	2003	9.27
17	威尼斯	意大利	2011	6.20
18	里加	拉脱维亚	2006	9.5
19	瓦莱塔	马耳他	2006	10.3
20	阿尔加维	葡萄牙	2007	8.29
21	布拉加	葡萄牙	2005	10.9
22	科希策	斯洛伐克	2010	10.3
23	斯科普里	马其顿	2005	10.3
24	新加坡	新加坡	2008	8.21-22
25	布鲁塞尔	比利时	2003	10.3

资料来源：文献资料收集整理

"Nuits Blanches Europe"的联合宪章标明了白夜节的特征：

① Nuit Blanche 是一个对所有人开放的免费文化活动,每年夏末秋初举行,持续一整夜。

② Nuit Blanche 包含了当代多种形态的创意:视觉艺术、投影、装置、音乐、舞台和街头表演、马戏团和游乐场艺术。

③ Nuit Blanche 举办地主要为文化遗产地和公共场所:通常是封闭或废弃区、边远地区、有声望的地点或构成城市文化遗产的地方,艺术家们以不同的视角和方式重现景观。

④ Nuit Blanche 使举办活动的城市能够共同反映当前城市夜晚的发展情况,实施适当的服务和组织手段(城市经济、标志、照明、安全、服务)。

⑤ Nuit Blanche 是提升城市"软实力"形式的重要手段。

⑥ Nuit Blanche 促进城市中心和周边地区之间的交流。

⑦ Nuit Blanche 欧洲合作城市每年进行一个联合艺术项目,目的是加强城市之间以及欧洲艺术家和观众之间的交流。

1. 法国巴黎白夜节

巴黎作为法国的文化中心,每年9月至10月都会举办一系列盛大的文化活动。除了9月的欧洲遗产日,10月的巴黎不眠夜(Nuit Blanche)也已成为巴黎当代著名的艺术盛事。在不眠夜期间,从夜晚至凌晨,广场、廊桥、美术馆、博物馆、河岸边、私人艺廊等地将不间断地上演免费的户外街头表演和夜间主题艺术作品。自2002年10月首届巴黎不眠夜成功吸引50万人参与以来,这一活动逐年壮大。不眠夜期间,巴黎市内的大部分博物馆、文化中心以及市政厅等政府机构都向公众免费通宵开放,并通过灯光音乐会、戏剧、展览等多种艺术形式,生动展示城市建筑、历史和文化的丰富内涵。

2003年,巴黎不眠夜活动由六位策展人各自负责特定领域和独自主题,参与地点从2002年的20个增加到110个,分布在巴黎的东、西、南、北、右岸和左岸中心区六个区域。集体工作坊、互动作品以及各种舞蹈编排的场所扩展,为此次白夜节增添了色彩和吸引力,吸引了超过100万人参加。从2003年起,巴黎白夜节固定在每年十月的第一个周末举行。"Nuit

Blanche"凭借其免费的表演和艺术作品、不眠夜主题活动及多样新奇的艺术项目，2011年成功吸引了250万人参加，不仅成为法国的代表性文化活动，更发展为全球盛行的代表性夜间文化活动品牌。自2002年巴黎首次举办Nuit Blanche以来，吸引了超过4000名法国及国际知名或新兴艺术家在活动中展示作品，并获得全球众多国家和城市的认可。许多欧洲城市乃至全球大城市（如布鲁塞尔、京都、墨尔本和中国台北）纷纷开始使用Nuit Blanche品牌开展类似活动。

2021年第20届巴黎白夜节与大巴黎大都会联合举办，使Nuit Blanche成为文化与体育的交汇点，成为2024年巴黎奥运会的一部分。白夜节期间，1900年和1924年奥运会的主要场馆Anquetil Vélodrome和Georges Vallerey游泳池被改造成艺术表达的空间，夜间艺术与体育在此碰撞，艺术家、运动员以及游客共同参与。为申办2024年奥运会开通的Grande Randonnée GR®75步道，也成为游客夜间体验表演和欣赏艺术品的基础设施。同时，夜间便捷的交通和公共服务设施为巴黎白夜节的成功提供了坚实基础。

2. 加拿大蒙特利尔白夜节

蒙特利尔的不眠之夜（Nuit Blanche）是更大规模的蒙特利尔灯光节（MONTRÉAL EN LUMIÈRE）的一部分。该灯光节始于2000年，旨在展示城市丰富的文化和艺术景观，尤其是在冬季。随着时间的推移，灯光节的规模和人气不断增长，吸引了来自世界各地的艺术家和观众。不眠之夜作为灯光节中最受欢迎的组成部分之一，充分体现了这座城市的创造力和社区精神。2004年2月27日，为纪念蒙特利尔光影节成立五周年，蒙特利尔举办了第一届蒙特利尔白夜节（Nuit Blanche à Montréal），吸引了超过10万名参与者。

蒙特利尔白夜节一般在每年2月的最后一个星期六或3月的第一个星期六举行，也是加拿大第一个Nuit Blanche白夜节。该节日突出蒙特利尔冬季的魅力，在寒冷的季节中提供了文化和节日的温暖。夜间庆典通常包含200多个免费活动，涵盖视觉艺术、舞蹈、故事、展览、电影、音乐、体育、喜剧、派对和美食等。不眠之夜的庆祝活动遍布蒙特利尔全城，但娱乐区（Quartier des Spectacles）仍然是活动的核心区域。这个区域将热闹持续到凌晨 2 点，提供包括巨型摩天轮和滑冰道（如宁静的 Esplanade 冰场）在内的免费活动。亮点活动包括晚上 7：30 由加拿大花样滑冰协会（Patinage Canada）呈现的免费花样滑冰表演，以及从下午 5 点到凌晨 2 点在节日广场（Place des Festivals）进行的 DJ 表演。除了娱乐区，旧蒙特利尔（Old Montreal）、皇家山高地（Plateau Mont-Royal）、迈尔恩德（Mile End）、市中心（Downtown）、村庄（Village）、拉丁区（Latin Quarter）和霍舍拉加（Hochelaga）等其他社区也加入了庆祝活动，提供从艺术装置和现场表演到美食体验等各类活动。麦科德斯图尔特博物馆（McCord Stewart Museum）、当代艺术博物馆（Contemporary Art Museum）和美术博物馆（Fine Arts Museum）将举办创意工作坊和展览，丰富这一夜的文化景观。

自 2004 年以来，蒙特利尔人每年都会熬夜享受 Nuit Blanche———一个艺术和美食的聚会之夜。白夜节不仅完美反映了蒙特利尔独特的文化景观，也为市民和游客提供了体验艺术和创意的独特机会。2015 年，蒙特利尔白夜节在全城 152 个地点举办了 200 多项活动，吸引了约 30 万人前来欣赏艺术品、电影、舞蹈表演、游戏、音乐会和各种互动活动。为方便市民和游客出行，当晚地铁通宵开放，并提供价格 5 美元的无限次晚会通行证。自 2016 年以来，蒙特利尔市已授权越来越多的场所在白夜节期间将酒类许可证的营业时间延长至早上 6 点。2022 年，为庆祝第 20 届蒙特利尔白夜节，全市八个社区参与其中，每个社区都有超过 100 项活动。活动期间，蒙特利尔的地铁和公交网络全天候运行，艺术馆、展览馆和博物馆通宵开放。

3. 意大利罗马白夜节

罗马白夜节（Roman Notte Bianca）从法国巴黎白夜节（Nuit Blanche）中汲取灵感，于 2003 年 9 月 27 日首次推出，由罗马市政府、罗马市商会和国家遗产与文化部合作开展。首届白夜节从晚上 8 点开始，持续到次日早上 8 点，共举办了约 100 项活动。活动范围覆盖从市中心到郊区的各个角落，场所包括罗马的公共博物馆、私立博物馆、图书馆、艺术画廊、历史文化遗迹等文化机构，以及剧院、购物中心、电影院、体育中心、公园和庄园、夜总会等娱乐休闲场所。

首届活动的成功举办为罗马白夜节的规模和范围不断扩大奠定了基础。第二届罗马白夜节于2004年9月18日举行，活动规模从2003年的100项增加到超过500项有组织和自发的活动，同时吸引了两百万游客涌入罗马的街头和广场。活动期间，城市各处搭建的舞台上演古典音乐、歌剧、摇滚、爵士乐和流行音乐等多种音乐表演；历史场馆被当代艺术装置点亮，焕发出新的光彩；剧院和即兴表演场地上演传统与前卫的戏剧和舞蹈表演。活动还特别设置适合所有年龄段参与者的讲习班、木偶剧和动画故事课程等儿童和家庭特别活动，确保每个人都能体验到乐趣。包括罗马斗兽场、万神殿和梵蒂冈城等在内的历史地标景点通过一系列精彩的活动，浓缩展示罗马丰富的文化、艺术和历史遗产的精髓。这一夜，整个城市在艺术与文化的交织中焕发出无限生机。

随着活动成功举办及其影响力的不断扩大，罗马白夜节吸引了越来越多的艺术家参与。2005年，全城计划了600个活动，吸引了800名艺术家参加。城市内的公共及私人文化机构、学校等文化场所以及书店、工艺品店、食品店、市政厅和一些平时不对外开放的艺术中心，在这一期间纷纷对外开放。2005年，罗马白夜节吸引了超过250万人参加，创造了超过3000万欧元的收入，媒体宣传效果显著，达到了1000篇文章、40个电台节目和25个电视节目的报道量。这一年的成功不仅展示了罗马丰富的文化和艺术资源，也进一步提升了其在国际上的知名度和影响力。

三、文化之夜 Culture Night

文化之夜是通过夜间文化活动整合当地的旅游资源和城市文化设施。访客通过购买文化通行证，可以免费参加所有文化之夜的活动，并使用公共交通工具。文化之夜作为全球各大城市的夜间活化活动，激发了许多国家博物馆、剧场、艺术馆的旅游资源。"文化之夜"最早在欧洲的丹麦哥本哈根流行起来，随后扩展到主要城市如柏林、贝尔法斯特、科克、戈尔韦（爱尔兰）、瑞典斯德哥尔摩和新加坡等地。这不仅是单一的城市活动，已经延伸到多个大中型城市。文化之夜/夜行活动的举办地主要集中在欧洲西海岸和地中海沿岸地区。这一活动为当地居民和游客提供了一个绝佳的机会，在夜间探索和体验城市的文化魅力，促进了文化交流和城市旅游的发展。

表 7-4 文化之夜部分举办城市情况

序号	城市	国家	首届	举办日期
1	斯德哥尔摩	瑞典	2005	4.23
2	维尔纽斯	立陶宛	2007	6.19-6.20
3	马尼拉	菲律宾	1990	4.25
4	戈尔韦	爱尔兰	2008	9.19
5	圣路易斯	美国	1994	9.9-9.11
6	哥本哈根	丹麦	1993	10.15
7	奥斯陆	挪威	2009	9.16
8	奥沙瓦	加拿大	2016	7.7-8.25
19	都柏林	爱尔兰	2006	9.22
10	雷克雅未克	冰岛	1996	8.24
11	贝尔法斯特	英国北爱尔兰	2009	9.25
12	乌普萨拉	瑞典	1989	9月第二个周六

资料来源：文献资料收集整理

1. 哥本哈根文化之夜

首届哥本哈根文化之夜于 1993 年 10 月 15 日举行，如今已发展为哥本哈根每年最重要的夜间文化活动之一。首届活动仅吸引了当地 45 个地点参与，随着活动的发展，这一数字迅速增长。到 2000 年，活动吸引了超过 5 万名游客。2004 年，为了更好地运营和管理这一盛事，设立了 Kulturnatten 协会。Kulturnatten 协会由民间组织主导运营，不接受任何国家或市政府的补贴，唯一的合作机构是为文化之夜提供公共交通服务的交通部（DOT）。

自初创至今，文化之夜的活动地点从最初的45个增加至超过250个，涵盖了哥本哈根市的博物馆、艺术馆、学校、书店、公园及政府部门等多个场所。活动时间通常从下午6点开始，持续至深夜，为市民和游客提供丰富多彩的文化体验。文化之夜不仅展示哥本哈根的文化魅力，还成为一个促进本地文化机构和社区互动的重要平台。活动内容也丰富多样。除了传统的艺术展览和音乐会，文化之夜还包括戏剧表演、电影放映、互动工作坊和讲座等多种形式的活动，满足不同年龄段和兴趣的参与者的需求。参与者可以漫步于夜色中的哥本哈根，探索平时可能忽略的文化宝藏，体验一个截然不同的城市风貌。

文化之夜期间，持有文化之夜通行证（Culture Pass）的游客可以免费参加所有活动，并享受从17:00至次日04:00在市区1—99区内的火车、S-train、公共汽车和地铁的免费交通服务。1993年首届文化之夜通行证售出了4000张，到了2018年，这一数字激增至98000张。文化之夜的所有收入均来自通行证的销售，所获利润每年向参与文化之夜的博物馆及文化场所捐赠250万丹麦克朗，用于支持来年的文化之夜活动。活动不仅带来巨大的经济效益，也极大地促进了当地的文化交流与社区凝聚力。30多年来，文化之夜协会每年都会在第41个周的星期五举办一次神奇的文化之夜，邀请游客体验独特的夜间奇妙文化世界。多年来，文化之夜始终致力于打造哥本哈根最大的一日活动，在儿童秋季假期开始前的周五为儿童和成人提供发现和体验丰富文化活动的机会。

近年来，哥本哈根的植物园、动物园等也纷纷加入文化之夜，确保活动的多样性。每年活动期间，展示会、音乐会等多达600余场，吸引各个年龄段的游客参与。这些活动不仅包括传统的艺术展览和音乐会，还有戏剧表演、电影放映、互动工作坊和讲座，满足不同兴趣和需求的参与者。文化之夜已成为哥本哈根的一大文化盛事，吸引了成千上万的游客和市民走出家门，体验城市的文化魅力。通过这个平台，哥本哈根展示了其丰富的文化遗产和现代都市的多元魅力，推动了公众对文化和艺术的热情，激发了社区的创造力和活力。为了满足家庭游客的需求，2019年3月，文化之夜特别推出了"家庭文化之夜",专为12岁以下儿童及其家人设计。家庭文化之夜融入了大量的想象力和游戏性活动,为孩子们提供了一个充满趣味和教育意义的文化体验。每年的文化之夜不仅是一次文化的盛宴,更是一次社区的聚会,带给人们无尽的欢乐和美好的回忆。

2. 首尔贞洞夜行

"夜行"在韩国已经是非常普遍的夜间文化休闲活动,包含众多文化体验项目以及各种诱人的美食、传统文化表演和夜间音乐会。这类活动不仅有利于本地居民传承文化文脉,对游客而言也是了解当地文化的最佳方式。2015年,首届"首尔贞洞夜行"活动成功举办,并成为2016年文化遗产厅正式推进"文化遗产夜行活动事业"的契机。

首尔"贞洞夜行"作为深夜游览首尔贞洞一带文化景点的夜间庆典活动,早在2015年和2016年春季就已举办,活动分为夜花、夜路、夜史、夜说、夜景、夜食六个部分。庆典活动期间,展览馆、美术馆、大使馆、宗教建筑等38个文化场所延长开放时间,并举办音乐会、演奏会等表演。石墙路、贞洞公园、培材公园等地也安排了丰富多彩的街头表演。此外,德寿宫石墙路还设置了能够感受90年代韩国风情的体验活动。除了欣赏表演,活动还提供了品尝世界美食的餐车,以及出售饮料、水果和点心杯的"一杯商店",为活动的氛围增添了色彩。为了让游客在有趣的体验中学习到韩国近代开化期的历史文化,近年来还新增了反映当下趋势的AR密室逃脱游戏等项目。同时,策划者还推出了"贞洞夜间散步路线""贞洞拍照打卡路线""贞洞近代文化之旅""贞洞街头表演之旅"等多条路线,供不同需求的游客选择。

2015年首尔贞洞夜行开展后,2016年韩国文化遗产厅开始全面发展文化遗产夜行事业,且每年提供一定财政支持。根据2022年韩国文化遗产厅发布的文化遗产事业征集计划,2023年韩国文化遗产厅将针对选定的45个夜行活动进行了各1亿—5亿韩元,共73亿韩元的财政支持。根据2022

年韩国文化遗产厅资料，可以总结出韩国的文化遗产夜行活动也从2016的10个、2019年27个、2020年36个、2021年42个，发展到2022年的45个（如下表）。参与夜行活动的游客数以2.4倍的增长速度从2016年的105万增长为2019年的255万人次，2019年的文化遗产夜行整体游客的消费支出总额为709亿韩元，对比2018年增加了19.2%。另外2019年韩国文化遗产厅公布的文化遗产夜行事业结果报告书显示，2019年文化遗产夜行事业创造的综合经济效益对比2018年增长了13.3%。

表7-5　2022年度韩国文化遗产夜行事业入选目录

序号	市/道	市/郡/区	序号	市/道	市/郡/区
1	首尔	钟路区	24	全北	南原市
2	首尔	东大门区	25	全北	金堤市
3	首尔	西大门区	26	全北	茂朱郡
4	釜山	—	27	全北	扶安郡
5	仁川	中区	28	全南	木浦市
6	光州	东区	29	全南	丽水市
7	大田	东区	30	全南	顺天市
8	蔚山	中区	31	庆北	庆州市
9	京畿	水原市	32	庆北	安东市
10	京畿	杨洲市	33	庆北	盈德郡
11	江原	春川市	34	庆北	高灵郡
12	江原	江陵市	35	庆南	昌原市
13	忠北	清州市	36	庆南	晋州市
14	忠北	忠州市	37	庆南	统营市
15	忠北	报恩郡	38	庆南	泗川市
16	忠南	公州市	39	庆南	金海
17	忠南	唐津市	40	庆南	密阳市
18	忠南	牙山市	41	庆南	巨济市

续表

序号	市/道	市/郡/区	序号	市/道	市/郡/区
19	忠南	论山市	42	庆南	咸安郡
20	忠南	扶余郡	43	庆南	昌宁郡
21	全北	全州市	44	庆南	南海郡
22	全北	益山市	45	济州	西归浦市
23	全北	群山市	—	—	—

2. 仁川开港场文化遗产夜行

1883年开港的仁川港象征着韩国近代化的开始。开港场文化地区位于仁川中区，周围有唐人街和新浦市场以及众多近代历史文化遗产，如仁川最早的百货商店和韩国国内最早的火柴工厂等历史文化场所。2016年，仁川成功开展了夜游活动，并从2017年开始参与文化遗产厅的"文化遗产夜行"征集项目并成功入选，此后一直持续举办。

仁川开港场文化遗产夜行将开港时期的文化遗产、历史和故事融合起来，打造吸引地区居民与外地游客的多种体验型活动。主要内容包括夜景、夜话、夜史、夜食、夜路和夜画六个重点项目，开创了"图章之旅""近代服饰体验""邮寄慢明信片"和"艺术集市"等体验活动。游客还可以在韩国最早的近代式酒店——大佛酒店体验古典音乐演出和工坊活动。此外，为了宣传历史文化，活动还开展了"与文化解说员一起讲故事徒步探访"活动，带领游客深入了解仁川开港场的历史背景和文化故事。这些丰富多彩的活动不仅为游客提供了多样的文化体验，也促进了当地文化遗产的保护和传承。

四、艺术之夜

"艺术之夜"通常在城市地标或现有的旅游景点举办，是以文化或艺术为主题的活动。其中，"粉红之夜"（Pink Night）是为了与2006年意大利和欧洲各国的Nuit Blanche和Culture Night竞争而举办的一项夜间节庆活动。此外,还有一些为了纪念特殊日子的夜间活动。例如,威尼斯的"救赎者盛宴"是一个庆祝克服传染病的传统节日,象征着城市战胜瘟疫的希望和重生。俄罗斯的红帆节(Scarlet Sails Festival)则源自著名的俄罗斯小说《血色帆》,以壮观的红帆船巡游和烟花表演庆祝毕业季,成为圣彼得堡的一大亮点。这些活动不仅展示了丰富的文化遗产和艺术魅力,还通过独特的节庆形式吸引了大量游客,增强了城市的文化氛围和国际影响力。

1. 意大利粉红之夜

20世纪末,"色彩运用"和"色彩营销"理论在欧美市场被广泛应用。意大利随后举办了"粉红之夜"活动,利用色彩营销和差异化的运营策略,通过粉红色的灯光、装饰、烟花、音乐会、运动、花朵游行、衣服和食物等元素,改变了这个地区"黑暗、享乐、奢侈"的夜生活形象。"粉红之夜"不仅提升了当地的形象,还特别设计了25项专为儿童打造的活动,使得 Riviera Romagna 因这一节庆而获得了"柔和、温和、热情"的新形象。这项节庆在意大利东北沿海城市举行,以里米尼(Rimini)为中心,多个合作举办城市的海岸线长度从2006年的20公里增加到2016年的170公里。"粉红之夜"通过一系列丰富多彩的活动,不仅吸引了大量游客,还成功塑造了一个充满温馨与活力的夜间文化品牌,极大地促进了当地的旅游业和经济发展。

表 7-6 粉红之夜开办城市及区域发展变化

年	2006(首次)	2008	2012	2014	2016
省(个数)	1(Rimini)	1	4	4	6
城市(个数)	1	4	8	12	18
海岸线(km)	20	40	110	110	170

数据来源:由官网数据整理而来

表 7-7　2009—2015 年粉红之夜访问人数和收益状况

年份	访客数（万人）	整体收益（million EUR）
2009 年	150	100
2011 年	200	150
2013 年	200	170
2015 年	250	200

数据来源：由官网数据整理而来

独特的定位和市场营销以及利益相关者的通力合作，是意大利粉红之夜成功的关键。在欧洲和北美流行各类夜间节事活动的背景下，粉红之夜为人们提供了强烈的粉红色归属感。粉红之夜的设计者和艺术家数量也在逐年增加，2015 年有 140 名艺术家参与，几乎是 2011 年的两倍，为粉红之夜的氛围营造提供了丰富的创意和设计理念。除此之外，里米尼（Rimini）将其定位为"一个体验音乐、健康乐趣、社交和甜蜜夜生活的地方"。政府和文化团体用粉色装饰街道和城市设施，居民自发地装扮自己的商店或住所，游客也积极用粉色装扮自己。意大利的酒店也将多种粉红色元素融入粉红之夜的庆典活动中，进一步增强了整体氛围。多方位的努力营造出稳定的社会关系，这不仅是粉红之夜成功的重要因素，也使其成为节事活动中利益相关者通力合作（Co-performing）的典型案例。通过政府、文化团体、居民和游客的共同参与，粉红之夜不仅提升了地方文化的吸引力，还成功塑造了一个充满温馨与活力的夜间文化品牌。

2. 芬兰赫尔辛基艺术之夜 Night of the Arts

赫尔辛基艺术节（Helsinki Festival）是北欧 - 波罗的海地区最大规模的年度艺术盛事，也是芬兰访客最多的艺术节之一。其宗旨简明扼要，旨在让每位参与者皆能触达艺术，体验文化活动。每年 8 月底举行的赫尔辛基艺术节汇集了戏剧、音乐、舞蹈、艺术展览、马戏团、电影、儿童节目等多种文化形式，吸引了来自全球的数百名艺术家和超过 20 万名游客。

芬兰赫尔辛基艺术之夜作为赫尔辛基艺术节的一部分，由学术书店（Aka-teeminen Kirjakauppa）和赫尔辛基艺术节组织（Helsingin Juhlaviikot）于

1989年创立。赫尔辛基活动基金会负责协调和实现艺术之夜的顺利举办，从活动制作、项目内容实践到营销传播。赫尔辛基艺术之夜旨在庆祝文化，并赞颂这座城市居住的创意艺术家，是全球众多白夜节活动中的重要启蒙节事。赫尔辛基艺术之夜的核心是由赫尔辛基居民自行组织的活动，通常安排在每年8月的第二周或第三周进行。这些活动由市民共同策划，涵盖古典音乐、流行音乐、戏剧、现代舞蹈、视觉艺术和儿童活动，场地包括首都地区的博物馆、书店、公园等。大多数艺术之夜的活动都是免费的，并且持续到深夜，博物馆、画廊和书店也因此延长营业时间。1989年8月的最后一个星期四，赫尔辛基举办首届艺术之夜，吸引了超过2万人前来街头、书店、博物馆和画廊免费参与各种艺术文化活动。1990年，艺术之夜的中心转移到了埃斯普拉纳迪公园（Esplanadin puisto）；到1992年，它已经发展成为类似于五一劳动节的民间节日。然而，由于深夜公共场合的饮酒问题，该活动受到了批评，并且将活动时间从星期五调整到星期四，以减少负面影响。21世纪以来，这一活动已经成为广受欢迎的文化庆典，为人们带来了丰富多彩且独特的艺术体验。

3. 新加坡幻光雨林之夜

2018年，新加坡动物园与Moment Factory合作打造了一款名为"幻光雨林之夜"（Rain Forest Lumina）的夜间体验项目。该项目旨在将人们聚集在大自然中，让游客沉浸在一个明亮活泼的环境中。整个夜间步道约1公里长，拥有14个主题区域，"幻光雨林之夜"通过影音和灯光手段，将一个童话故事融入热带雨林的景观之中，以独具一格的叙述方式引领游客与8个动物使者（Creature Crew）邂逅，为游客带来视觉和听觉上的多重感受。

巧妙运用光影技术是营造夜间魅力的关键。"幻光雨林之夜"通过隐藏在自然环境中的声音和照明设备，增强游客的感官体验，营造出一种奇妙的沉浸式体验。游客沿着步道行走，能感受到自然与科技的完美融合，仿佛置身于一个魔幻的世界。

每个主题区域都经过精心设计，以不同的故事情节和互动元素吸引游客。例如，有些区域通过动态灯光和音效模拟雨林中的雷暴和风声，而另一些区域则使用投影技术展现雨林动物的栖息地和活动场景。游客不仅可以在视觉上享受这些美丽的景象，还可以通过互动装置与环境进行互动，增强参与感和趣味性。

此外，项目还特别注重环保和可持续发展，所有的灯光和设备都采用节能技术，以减少对环境的影响。新加坡动物园和 Moment Factory 希望通过这种创新的方式，既提供娱乐，又提升公众对自然保护的意识。"幻光雨林之夜"不仅丰富了新加坡动物园的夜间活动，也成为游客探索夜间雨林魅力的热门项目。这个融合了艺术、科技和自然的体验项目，不仅为游客提供了一个独特的夜间冒险，还彰显了现代科技在旅游业中的应用潜力。

第八章 音乐演出：从剧场到广场

音乐节的多元化和主题的丰富性使其具有极强的包容性，为年轻人提供了释放压力、逃离日常生活和结交志同道合朋友的理想平台，因而备受青睐。随着科技的进步，音乐和歌剧不再局限于传统剧场，逐渐走向广场和开放空间。现代音乐节结合光线、声音、视频、数字序列和虚拟现实等先进技术，为观众带来更深度的互动和娱乐体验。作为一种以音乐为核心的庆典活动，音乐节通常在夜间举行，既有室内也有户外形式，其中以户外音乐节最为常见。每个音乐节通常具有特定的主题，或涵盖不同的音乐流派，从而吸引多样化的观众群体。通过这种形式，音乐节不仅成为文化交流的重要平台，也为人们提供丰富多彩的艺术体验和难忘的回忆。

一、音乐节历史沿革

音乐节作为一种文化活动，有着悠久而丰富的历史，其发展可追溯到古代，古代的官方庆典和庙会常常伴随着音乐和戏剧表演。中国古代的音乐节在不同的历史时期和文化背景下形成了丰富多彩的形式，既有宫廷和宗教的盛大庆典，也有民间的欢乐集会，如上巳节音乐会、中秋节音乐晚会、春秋祭祀乐舞、汉代乐府音乐活动、唐代宫廷宴乐、庙会音乐会。这些音乐形式不仅展示了古代音乐的艺术魅力，也反映了当时的社会生活和文化风貌。

在中世纪的欧洲，教会主导的宗教庆典中音乐占据了重要地位，此外，日常的音乐节也开始在贵族和王室的赞助下兴起，成为展示音乐和艺术才华的平台。此时的音乐节更多的是供贵族人士休闲的活动和场所，现代的音乐节从剧场开始走进广场、街区、社区，这不仅仅是场所的变更，更是音乐节走向大众、成为全民共享的公共文化活动的转变。

19世纪，美国的音乐文化逐渐崛起，音乐赞助人伊丽莎白·斯普拉格·柯立芝（Elizabeth Sprague Coolidge）在这个时期做出了重要贡献，她创立了每年一度的室内乐音乐节，特别注重创作作品，推动了室内乐的发展和创新。1937年，著名指挥家谢尔盖·库塞维茨基（Serge Koussevitzky）在马萨诸塞州莱诺克斯附近的坦格尔伍德（Tanglewood）创办了伯克夏音乐节（Berkshire Music Festival），这个音乐节后来被称为坦格尔伍德音乐节，成为美国夏季古典音乐活动的重要一环。第二次世界大战后，美国社会对多元文化和创新表达形式的接受度显著提高，音乐节逐渐从传统的古典音乐扩展到包括摇滚、爵士、民谣等多种音乐类型。这种文化变革不仅反映在音乐节的内容和形式上，也体现在音乐节的组织和推广方式上。现代音乐节逐渐成为文化交流和社会互动的重要平台，不再局限于单一的音乐表演，而是涵盖了艺术、科技、环保等多个领域。音乐节的多样性和包容性吸引了越来越多的观众，成为当代文化生活的重要组成部分。总的来说，从传统的英国音乐节到现代美国音乐节的发展历程，体现了音乐节作为文化载体的演变和扩展。无论是柯立芝的室内乐音乐节还是库塞维茨基的伯克夏音乐节，都对音乐文化的传播和发展起到了重要作用，而战后社会的变革进一步促进了现代音乐节的多样化和国际化。

现代音乐节的形成和国际化过程尤为值得关注。现代意义上的音乐节起源于19世纪末和20世纪初，拜罗伊特音乐节（Bayreuth Festival）、萨尔茨堡音乐节（Salzburg Festival）、伍德斯托克音乐节（Woodstock Festival）等代表性音乐节对现代音乐节的形成和国际发展做出了重要贡献。随着全球化的发展，音乐节逐渐从欧洲和北美扩展到世界各地，形成了多元化的音乐节文化，例如格拉斯顿伯里音乐节（Glastonbury Festival）、科切拉音乐节（Coachella Valley Music and Arts Festival）、富士摇滚音乐节（Fuji Rock Festival）。现代音乐节不仅限于音乐表演，还涵盖了艺术、科技、环保等多个领域。它们不仅是音乐爱好者的聚集地，也是文化交流的重要平台。例如，电子音乐节如明日世界（Tomorrowland）和 EDC 雏菊音乐嘉年华结合了前沿科技和创新艺术，吸引了全球观众。音乐节的发展史是一部文化交流与融合的历史。从古代仪式到现代多元文化庆典，音乐节在不同的历史时期和文化背景下展现出独特的魅力和价值。随着全球化的推进，音乐节在国际舞台上的地位日益重要，成为文化传播、社会互动和旅游休闲的重要载体。

表 8-1　国内外代表性音乐节

国内	摩登天空音乐节、迷笛音乐节、草莓音乐节、张北音乐节
海外	美国科切拉音乐艺术节、美国西南偏南音乐节、丹麦罗斯基勒音乐节、英国格拉斯顿伯里音乐节、EDC 雏菊电音嘉年华、仁川 pentaport 音乐节

资料来源：文献资料收集整理

二、国际音乐节成功案例分析

1. 美国科切拉音乐艺术节

科切拉音乐艺术节（The Coachella Valley Music and Arts Festival）由 Goldenvoice 主办，这是一家位于美国加利福尼亚州洛杉矶的音乐和艺术推广公司。1999 年首次举办之后，每年在美国加利福尼亚州印第奥市的沙漠地区举办，为期三天。这一音乐艺术节不仅是加州本土三大音乐节中规模最大、乐队阵容最强的一场盛会，还融合了大型艺术雕塑展示、室外互动游戏和摩天轮等多种娱乐设施，吸引了众多参与者。最初为期一天的节日，现已延长至三天，成为每年春季备受期待的文化盛事。科切拉以其多样化的音乐阵容和高质量的艺人选择而著称，这也是科切拉音乐艺术节成功的重要因素。与其他音乐节相比，科切拉不仅邀请国际一线音乐人，还注重新兴艺术家的发现和推广，确保观众可以体验到最前沿和最流行的音乐。Coachella音乐艺术节在早期时代为了和其他大型音乐节竞争，放弃有名气的歌手，转而选择更多有个性的新秀音乐艺术家，使Coachella成为展示美国年轻人时尚的窗口。

便利的基础设施和高质量的现场服务是科切拉音乐艺术节成功的重要保障。节庆期间，参与者可以亲手设计独特的纪念T恤，或邀请艺术家为其创作个性化纪念品。住宿方面，参与者可以选择从一般绿地帐篷、停车场帐篷到独特的绿洲帐篷和高级小木屋，满足不同需求和预算。Coachella音乐艺术节设有大型露天停车场，由于音乐节采用分散式会场布局，停车场与各个会场之间的距离较大，活动方提供自费人力三轮车服务，方便参与者的出行。主办方还提供多种便民服务，包括遗失物品寻找、Wi-Fi、储物柜以及补水站和冰块提供点，以应对沙漠地区的炎热环境，确保参与者的舒适和安全。为了提供高质量的现场服务，Coachella音乐艺术节与招聘网站合作，维持约50名员工的工作团队。同时，节事主办方不仅雇佣正式员工，还发布大量志愿者招募信息，提供丰富的志愿者机会和临时就业机会。志愿者和临时工的工作内容包括搬运、指挥、翻译、交通疏导和协助艺术家处理作品等，确保节庆活动顺利进行并为社区创造就业机会。

科切拉音乐节的非凡成就，得益于其独特的选址与地理环境以及可持续发展的理念。作为世界上数一数二的音乐艺术节，尽管在初期几届中经历了一些困难，但如今每届Coachella音乐艺术节都能吸引大量游客，并产生巨大的经济效益。官方统计显示，2022年科切拉音乐艺术节及其姐妹节日Stagecoach为整个科切拉谷地区带来了约7.04亿美元的经济收入，其中仅印第奥市就获得了1.06亿美元。这一收入包括消费者支出、销售税、住宿税和门票附加费等多方面。首先，Coachella音乐艺术节的选址非常成功。节日位于荒无人烟的沙漠地区，场地宽广，拥有充足的空间来容纳大量观众。帝国马球俱乐部不仅地理位置优越，还曾举办过其他大型音乐活动，确保了场地设施的专业和完备。此外，Coachella音乐艺术节的组织方高度重视环保和可持续发展，致力于减少节日对环境的影响。节日倡导低碳行动，例如，4 人及以上共同搭乘一车前来的参与者可获得"carpoolchella"标签，并有机会赢取 VIP 门票。节日期间，还邀请许多独立艺术家展示他们运用环保材料或回收物创作的艺术品，这些色彩斑斓、形态各异的作品成为 Coachella 的热门看点。总的来说，科切拉音乐节通过巧妙的选址、丰富的艺术展示和强烈的环保意识，成功地将音乐、艺术与可持续发展理念结合在一起，创造出一个独特而具有深远影响的文化盛事。

2. 美国西南偏南音乐节

西南偏南（South by Southwest，简称 SXSW）是每年在美国得克萨斯州奥斯汀市举行的著名音乐节。奥斯汀被誉为"世界现场音乐之都"，每年举办数千场现场音乐演出，市内有著名的 6th Street，聚集了众多音乐酒吧和俱乐部，拥有较强的音乐积淀。西南偏南联合创始人路易斯·布莱克（Louis Black）以阿尔弗雷德·希区柯克的电影《西北偏北》为灵感，命名了这个节日。首届 SXSW 于 1987 年举行，虽然起步时规模较小，但其影响力和参与度迅速增长。到 90 年代初，已有 500 支乐队参与其中，并引入了 60 个互动模块，且吸引了百事可乐和 IBM 等大公司的赞助。SXSW 由西南偏南公司负责执行，逐渐发展成为一个多元化的节庆活动。到 2011 年，SXSW 已扩展为包含互动式多媒体大会、音乐节和电影节三大主要部分的盛会，整个活动持续十天。互动式多媒体大会为期五天，聚焦数字技术和创新；音乐节持续六天，展示来自世界各地的各种音乐表演；电影节则持续九天，放映了大量独立电影和纪录片。

SXSW（South by Southwest）致力于帮助富有创造力的人实现梦想，活动内容丰富多样，包括电影、互动式多媒体大会和艺术表演等。有人用这样的公式来描述它：SXSW = 音乐 + 电影 + 科技 + 新媒体 + 商业 + 艺术 + …… 在众多的活动形式中，最为人熟知的是融合了交互体验、影像和音乐相关产业的研讨会和音乐节。SXSW 向人们证明，最出其不意的发现往往来自不同话题和不同人群的交融。

SXSW 的主要特色和服务是多元化的活动内容，SXSW 包括音乐节、电影节和互动式多媒体大会，涵盖从音乐、电影到科技和艺术的广泛领域。通过一系列的演出、放映和研讨会，参与者可以体验到最新的创意和技术。融合与创新方面比较具吸引力的是融合了交互体验、影像和音乐相关产业的研讨会和音乐节。通过这些活动，SXSW展示了跨领域合作的重要性，证明创意和创新往往源于不同背景和观点的碰撞。便利的住宿服务体现在为了方便游客住宿，SXSW官网提供酒店预订服务，通过官网预订可以节约30%—50%的费用。此外，SXSW还与爱彼迎（Airbnb）合作，帮助游客找到快捷经济的住宿选择。对于喜欢露营的游客，虽然节事方不提供帐篷，但游客可以自带装备露营。便捷的交通安排是在节日期间，有多趟专线巴士服务，方便游客往返各个会场。此外，游客还可以选择搭乘出租车、自行车等方式轻松到达节事会场，保证出行的便利性和灵活性。

3. 丹麦罗斯基勒音乐节

罗斯基勒音乐节（Roskilde Festival）是欧洲最大的音乐节之一，每年在丹麦罗斯基勒市举行。1971年首届罗斯基勒音乐节（Roskilde Festival）是由两名丹麦高中生摩根斯·斯坦弗和雅斯波·斯维泽·穆勒及音乐推广人卡尔·费舍尔受美国著名的伍德斯托克音乐节（Woodstock Festival）启发而共同发起创立的，并由一个名为"Roskilde Foundation"的非营利组织运营。最初的灵感来源于当时盛行的音乐和文化活动，目的是为年轻人提供一个自由、平等和友爱的音乐和艺术交流平台。随着节事规模的不断扩大，音乐节的持续时间从最初的两天延长至如今的九天，其规模也从仅有一座演出舞台、四种音乐演出风格（爵士、摇滚、民谣和流行）、13场音乐演出和总观众数仅2万人的小型音乐节，演变成拥有七座演出舞台、百余场音乐演出、日接待观众能力达9万余人的欧洲大型音乐节之一，与格拉斯顿伯里当代表演艺术节、Rock am Ring和Exit音乐节齐名。

音乐节的演出涵盖摇滚、民谣、电子、说唱、流行、爵士、世界音乐等多种音乐类型，体现出高度的音乐包容性，能够满足不同乐迷的音乐欣赏需求。除了音乐表演，节日还设有艺术装置、戏剧表演、电影放映、讲座和工作坊等丰富的文化活动，强调创意和互动。罗斯基勒音乐节还设有戏剧表演和独立电影放映，为观众提供多元化的文化体验；现场布置了许多大型艺术装置和互动展览，展现丰富的创意和视觉冲击力；举办各类讲座和工作坊，邀请艺术家、学者和社会活动家与观众互动，探讨音乐、艺术、社会和环境等话题。

自1972年以来，罗斯基勒音乐节由罗斯基勒基金会（Roskilde Foundation）主办，致力于将其打造成一个推广音乐、文化和人文主义的非营利性节事。罗斯基勒音乐节的所有收入，扣除必要的运营成本后，全部用于公益事业，包括资助当地及国际的慈善组织、文化项目和人道主义援助。

4. 英国格拉斯顿伯里音乐节

格拉斯顿伯里音乐节（Glastonbury Music Festival）在英国阿瓦隆岛举办，是世界上规模最大的音乐节之一，也是世界上规模最大的露天音乐节。20世纪70年代怀特岛音乐节创办以来，格拉斯顿伯里镇受到嬉皮文化和"自由节事运动"（Free Festival Movement）影响较深。1970年，农场主迈克尔·伊维斯（Michael Eavis）在看到齐柏林飞艇于Bath Festival的演出之后，邀请当红乐队到沃西农庄举办了一场小型音乐会，门票仅为一英镑，这就是第一届格拉斯顿伯里音乐节，当时名为皮尔顿（Pilton）节，第二年正式举办了第一届名为格拉斯顿伯里的音乐节，早期曾被誉为"英国的伍德斯托克"。"破界和逃离感"是格拉斯顿伯里音乐节备受欢迎的原因。格拉斯顿伯里音乐节的成功离不开其特殊的地理和气候条件。活动举办地位于农场，频繁的降雨使得场地常常泥泞不堪，这反而为参与者带来了一种狂野与释放的体验。广阔的空间、新鲜的空气和满脚的泥土，使得格拉斯顿伯里音乐节与城市中举办的音乐节截然不同，营造出一种独特的氛围。

除了音乐，这场节庆活动还汇集了舞蹈、喜剧、戏剧、马戏和歌舞等多种表演艺术。活动主办方提供帐篷、房车及移动房间的租赁服务，游客也可以选择自带帐篷或驾驶房车参与。此外，官方网站还链接了其他住宿预订平台，方便游客选择安全且经济的住宿方案。为提倡环保，主办方鼓励游客骑行参与,并在官网上提供详细的骑行路线。活动现场设有专门的公交车站,开车前来也很便捷。

首届格拉斯顿伯里音乐节为期两天,1500名参与者到场。第二年歌迷迅速扩张到12000人,主办方开始销售少量门票,并以脚手架搭建起标志性的金字塔形舞台。节事近年来一直通过网络出售门票,票数维持在13.5万张上下。每次节事期间会产生一千多个临时就业岗位,周边250多家酒店要接待3000多位住客,当地各种表演团体每年从节事获利超过14万英镑,节事极大带动了当地的经济发展。每年都有来自世界各地的700多家媒体到格拉斯顿伯里报道音乐节,也为当地其他产业创造了宣传和许多投资招商的机会。

5. 雏菊电音嘉年华

雏菊电音嘉年华(Electric Daisy Carnival)简称EDC,是全球三大电子音乐节之一。1997年,Gary Richards和DJ Mr. Koolaid在美国加利福尼亚州洛杉矶Pacoima的一个露天场地举办了首届雏菊电音嘉年华,旨在通过艺术和音乐激发人类个性。自2001年起,雏菊电音嘉年华开始一年多次举办,并引入了除音乐之外的各种娱乐设施,如旋转木马、摩天轮、过山车和游戏室等。2011年之后,每届旗舰版嘉年华在内华达州的拉斯维加斯举办,吸引了众多流行电音制作人和DJ登台表演。截至目前,EDC的举办地已经覆盖美国多个州,包括加利福尼亚、佛罗里达、伊利诺伊、内华达、科罗拉多和新泽西等。2018年,EDC正式由热波传媒引入中国,并定名为"EDC China雏菊电音嘉年华"。同年4月,EDC China首站在上海举行,首度登陆中国便引发了空前的关注,门票一票难求。为期两天的活动吸引了数万名观众,其中近四分之一的观众来自港澳及海外,充分展现了其品牌效应。EDC音乐节的母公司是Insomniac Events,该公司由Pasquale Rotella创立,致力于组织和推广电子音乐活动,有包括EDC在内的多个知名音乐节。Insomniac Events是电子音乐行业的领导者之一,旗下的活动吸引了全球数百万观众。

EDC有丰富的音乐体验和震撼的舞台设施,每年都会有七个主题各异的舞台分布在周围的场地上："kinetic field"壮观的主舞台，汇聚世界级DJ；"cosmic meadow"放松的草地舞台，享受自然与音乐；"circuit grounds"未来派高科技舞台，前卫电子音乐殿堂；"neon darden"深夜地下电子音乐舞台，沉浸式体验；"bass pod"强劲低音舞台，狂热节拍之地；"quantum valley"迷幻电子音乐舞台，如梦似幻的音乐空间；"waste land"硬核电子音乐舞台，极致音乐强度的体验。除了这些主题舞台，EDC 还设有一个大型游乐园，向嘉年华的所有游客免费开放。游乐园内设有旋转木马、摩天轮、过山车等多种娱乐设施，极大地丰富了活动的娱乐性和互动性。这些设施不仅为音乐节增添了趣味和刺激，还提供了一个休息和放松的空间，使游客在等待享受音乐的同时，也能体验到纯粹的欢乐和刺激。EDC 通过这种全方位的设计，成功地打造了一个集音乐、娱乐和艺术于一体的狂欢盛会，每年都吸引无数的音乐爱好者和游客前来参与。

在基础设施方面，嘉年华提供了两个大型帐篷露营区（梅萨区和沙漠玫瑰区）以及一个房车停靠区。其中，梅萨区是一个繁华的休闲娱乐中心，设有美容院、按摩室、音乐疗养、手工艺术商店等设施。露营游客可以在这里享受漫长悠闲的周末日光，并参与从日间泳池派对、嘉宾演讲到集体运动等多种活动项目。沙漠玫瑰区则是相对简单的露营区，尽管设施较为基础，但包括空调和沐浴室等必需设施一应俱全。房车停靠区则为游客提供有偿的房车充电、加水加油服务。此外，嘉年华官网还链接了众多当地合作酒店，为游客提供便捷且多样化的住宿选择。交通方面，嘉年华提供免费的停车场，并设有收费巴士往返于现场和举办城市之间。在拉斯维加斯的嘉年华场地，还设有直升机航站楼，游客可以选择乘坐豪华直升机来往嘉年华现场，同时鸟瞰城市美景，享受非凡的旅行体验。

6. 韩国仁川 Pentaport 音乐节

韩国仁川 Pentaport 音乐节是由仁川市主办、仁川观光局和京畿日报共同主管，自 2006 年起，每年 8 月初在仁川松岛月光节庆公园举行。这一节庆活动历史悠久，已成为韩国代表性的户外摇滚音乐节。自 2012 年起，仁川 Pentaport 音乐节连续被韩国文化体育观光部评选为韩国文化旅游节庆，并获得国家财政支持。值得一提的是，该音乐节曾在英国《Time Out》杂志评选的世界代表性音乐节 TOP50 中排名第 8 位。仁川 pentaport 音乐节主要由发掘和培养新兴艺术家的"青年之星"活动、在仁川地标性建筑物里举行的"现场舞台"表演活动、仁川地区内 Live Club 举办的"live club party"、韩国典型的户外"摇滚节"四个大型活动组成。音乐节的四个活动开展时期每年都不同，且活动时间除摇滚节外，其他三个活动时间大致为 1 个月左右。

仁川音乐节的核心活动项目是每年 10 月左右举行的仁川摇滚音乐节。通过发掘新兴艺术家和邀请各地艺术家演出以及举办仁川 Live Club 等活动，音乐节积极与市民进行文化交流。2018 年，仁川摇滚音乐节吸引了超过 10 万名访客，得益于本地市民折扣优惠、邀请地区弱势群体免费参与活动、扩充便利设施等措施，带来了 200 多亿韩元的经济效益。2021 年，仁川 Pentaport 音乐节的核心项目"仁川摇滚节"于 10 月 9 日至 10 日在松岛月光庆典公园举行，邀请了韩国国内顶级艺术家进行为期两天的在线直播。考虑到疫情导致海外艺人入境困难的情况，活动播放了海外艺人在当地录制的演出视频。通过 360 度 VR 转播、音乐专家的解说等多种线上直播节目，向在线观众传达了生动的现场感。

三、国内音乐节案例分析

1. 草莓音乐节

草莓音乐节是由国内独立唱片公司摩登天空于 2009 年创办的第二个音乐节品牌。在此之前，摩登天空已成功创办了摩登天空音乐节。草莓音乐节首次在北京举行，此后逐年在多个城市举办，其观众人数呈现出直线上升的趋势。凭借显著的品牌经营效果，草莓音乐节已经成为中国户外音乐节中的翘楚。

草莓音乐节以其丰富多元的音乐风格、更多的舞台和先进的设备，汇聚了众多优质音乐人。因此，草莓音乐节的受众更加广泛，吸引了各类音乐爱好者，具有显著的社会影响力和号召力。草莓音乐节还拓展了多主体的休闲娱乐区，包括草莓生活馆、摄影帐篷、美食长廊、家庭乐队表演、篝火晚会、创意市集和星空露营等。与此同时，胸针、棒球帽、海报、DVD、T恤等衍生产品的开发也为音乐节带来了可观的收入。

一般情况下，草莓音乐节的举办地多位于交通便利的郊区，便于观众到达。例如2017年西安草莓音乐节，乘坐公交车后步行百米即可到达现场；2018年重庆草莓音乐节，乘坐公交车后步行不足十分钟即可抵达。由于场地面积有限且人数众多，一般不允许观众携带帐篷入场。如果需要休息，观众可以考虑使用野餐毯或防潮垫。尽管现场不允许露营，但观众可以在指定的露营区内休息。集市摊位可以在主办方及安全部门指定的位置摆放。草莓音乐节的露营区提供多种基础设施，如照明灯、插座、零食、温水、洗手间和药品等，观众也可以购买或租赁住宿用品。

表8-2 历届草莓音乐节举办地点

举办年份	举办地点
2009	北京
2010	北京、西安
2011	北京、镇江、武汉
2012	北京、上海、镇江、西安、武汉
2013	北京、上海、武汉、西安、长春
2014	北京、武汉、上海、西安、深圳、成都、长沙、厦门、大理、天津、郑州
2015	武汉、上海、西安、东莞、成都、长沙、厦门、重庆、绵阳
2016	北京、武汉、上海、西安、成都、长沙、重庆、绵阳、厦门、东莞、杭州、深圳
2017	北京、武汉、上海、西安、成都、长沙、重庆、绵阳、厦门、天津、东莞、昆明
2018	北京、武汉、上海、西安、深圳、成都、长沙、杭州、大理、天津、郑州

续表

举办年份	举办地点
2019	武汉、北京、上海、西安、成都、长沙、贵阳、海口、潍坊、厦门、昆明、重庆
2020	北京、成都、长沙、海南、阜新、哈尔滨、东营
2021	武汉、上海、北京、南京、成都、长沙、温州、东台、哈尔滨、阜新、东营、贵阳、西安、晋中、广州、福州
2022	成都、万宁、武汉、南昌、贵阳、重庆、西安、长沙、福州、哈尔滨、盐城、桂林、杭州、
2023	武汉、西安、南昌、成都、盐城、佛山、温州、桂林、上海、北京、乌鲁木齐、长沙、杭州、昆明、重庆、海南、苏州、长春、太原、厦门、深圳、潍坊、合肥

资料来源：根据官网资料整理

表8-3 草莓音乐节门票收入

时间	单日票价：（元/人）	人数（人）	收入（万元）
2009	80	8000	64
2010	120	30000	360
2011	120	160000	1920
2012	120	200000	2400
2013	120	240000	2880
2014	150	260000	3900
2015	150	600000	9000
2016	220	600000	13200
2017	220	600000	13200
2018	260	600000	15600

数据来源：根据官网资料整理

制定品牌战略，发挥旅游集聚效应。作为摩登天空公司旗下的音乐节子品牌，草莓音乐节凭借专业的策划团队和强大的市场运作背景，展现出显著的品牌优势。在互联网深入人们生活各个方面的背景下，草莓音乐节呼吁大家脱离虚拟世界，回归真实生活，享受真正的生活乐趣。草莓音乐节通过传播和流通音乐作品，向社会输出积极、蓬勃、向上的价值观，这正是其区别于国内其他音乐节的独特之处。

音乐节是产业链延伸的典范，带动旅游、餐饮、交通和演艺经济等多个行业，形成一个相对成熟、完整的产业生态链。草莓音乐节的产业链相对完善，从铺位出租到运营创意集市和音乐节周边产品，盈利模式效果显著，是产业链的基本运营路线，也是增加经济效益的必要手段。从第二届开始，草莓音乐节在多个城市举办，观众人数呈直线上升趋势。以2013年在江苏镇江举办的草莓音乐节为例，活动正值"十一"国庆节，举办地处于无锡、扬州、南京、苏州和杭州等长三角城市周边，交通便利。这吸引了大量乐迷在小长假期间前往镇江旅游，大幅提升了当地的旅游经济。此外，与其他品牌的跨界合作也是草莓音乐节成功的关键要素之一。2014年5月16日至18日，第六届草莓音乐节首次在深圳举行，凭借其品牌美誉度迅速吸引了雷朋眼镜、乐堡啤酒、飞利浦电器等诸多赞助商全力参与，使深圳草莓音乐节一开始就取得了显著进展，充分体现了战略合作的重要性。

2. 迷笛音乐节

专注于音乐的迷笛音乐节源自迷笛音乐学校。首届迷笛音乐节吸引了近30支乐队演出，每天的观众人数接近千人。官网数据显示，第二届迷笛音乐节参与演出的乐队数量增加到40多支，日观众数上升到2000人；第三届迷笛音乐节的规模进一步提升，吸引了来自世界各地的50多个乐队参演，日观众数达到约4000人次，被大众誉为中国首次真正意义上的露天摇滚音乐节。活动内容丰富多样，除了晚间派对，还有露天电影院、极限运动、水上运动、游乐场、创意集市和中外美食等多种形式的活动，充分满足了观众的多样化需求。

表 8-4　迷笛音乐节门票收入统计

时间	单日票价：（元/人）	总人数（人）	总收入（万元）
2000	0	2000	0
2001	0	6000	0
2002	0	12000	0
2003	0	15000	0
2004	10	20000	20
2005	30	32000	96
2006	30	60000	180
2007	50	80000	400
2008	50	25000	125
2009	80	60000	480
2010	110	110000	1210
2011	143	130000	1859
2012	120	150000	1800
2013	120	495000	5940
2014	120	345000	4140
2015	150	160000	2400
2016	200	—	—
2017	180	—	—
2018	280	120000	3360
2019	260	40000	1040

资料来源：根据官网资料整理

注：2010 年开始，平均每届观众数都在 5 万人以上，自 2007 年开始迷笛音乐节才开始盈利。

以乐迷需求为出发点，重视意见反馈，迷笛音乐节在住宿方面与其他音乐节的露营限制不同，更注重乐迷的感受与需求。设置露营区是迷笛音乐节坚持的传统，露营区免费开放，帮助乐迷节约住宿成本。以 2009 年镇江迷笛音乐节为例，迷笛音乐节开辟了可容纳约 1000 人扎营的露营区，并在露营区设置了自来水淋浴、自来水龙头和流动洗手间等公共服务设施供乐迷使用。音乐节现场有户外俱乐部提供小帐篷租赁服务，价格大约 30—

50元一天，临时租赁几个小时也可以与俱乐部协商。此外，主办方还允许乐迷自带帐篷和装备，包括洗漱用品。根据音乐节官方资料统计，2013年迷笛音乐节有6769人露营，2014年有4000人露营，2017年有8000人露营，而2018年迷笛音乐节期间露营人数达到了1万人。通过这些措施，迷笛音乐节成功满足了乐迷的多样化需求，提供了一个既经济又便利的住宿环境。在交通方面，迷笛音乐节为乐迷提供免费接驳车服务，使他们的出行更加便捷。以2018年太湖迷笛音乐节为例，交通运行开通了"苏州汽车客运南站—太湖迷笛营"和"吴江汽车客运站—太湖迷笛营"专线，单程运行时间仅为1—2个小时。此外，露营区还设置了免费接驳车路线，从"太湖迷笛大巴停车场"到"露营区"，接驳车在音乐节期间每天11：00—20：00运行。迷笛音乐节也很注重乐迷的反馈，并会根据调查报告进行相应的设施整改或提升。比如2013年，迷笛音乐节提供了100个移动卫生间，但观众反馈排队时间过长、厕所数量不足，主办方在2014年长江迷笛音乐节时将移动卫生间数量增加到了200个。这种重视意见反馈的做法，提升了乐迷的体验，展示了迷笛音乐节对细节和服务质量的关注。

制作精良，氛围良好，迷笛音乐节始终致力于为观众提供高质量的演出体验和充满活力的音乐氛围。迷笛音乐节直到2007年才真正开始盈利，观众人数呈倍数增长，近年来收益颇为可观。除了门票收入外，音乐节的收入还包括赞助、衍生产品、餐饮、现场创意展位费和部分营业收入。赞助商在音乐节收入中占据重要比例，迷笛音乐节为此在活动场地内为赞助商提供专门的活动区。此外，迷笛音乐节的组织者通常会建立官方专辑的销售点，出售表演乐队的CD、与迷笛音乐节相关的纪念品以及此前的纪录片等。同时，设立"创意市场"，售卖纯手工制作的DIY创意品，如T恤衫、帽子、围巾和徽章等。随着我国文化创意产业的进一步发展，迷笛音乐节从一个简单的户外活动场所，发展成集现场表演、户外时尚餐饮等多元内容的户外创意市场，音乐节也因此获得了不菲的收入。这些收入为音乐节提供了精良演出制作的基本保障，包括演出队伍的选择、硬件设施的到位以及舞台管理的专业性。关于演出队伍的选择，迷笛音乐节始终坚持几个标准：原创、真实、个性和非主流。随着迷笛音乐节影响力的不断扩大，自2004年以来，对硬件设施的投入也逐年增加，设备逐年升级，声响效果令人满意。2007年，迷笛音乐节设置了5个舞台，每个舞台都由一名制作经验丰富的专业人士担任音乐经理，确保演出的高品质和专业性。

迷笛音乐节注重营造自由氛围，以摇滚精神为核心，追求真实、不加掩饰，强调表达自我想法与欲望，追求崇高的自由。在忙碌的社会生活中，迷笛音乐节为人们提供了一个宣泄自我的平台。迷笛不是一个以明星为焦点的音乐节，而是一个以观众为主角的节事活动，这种独特的氛围正是迷笛的卖点，吸引了越来越多的观众参与其中，使迷笛一步步成为中国目前最大的摇滚音乐节之一。迷笛音乐节极大提升了举办地的知名度，以2010年迷笛与镇江政府合作举办的长江国际音乐节为例，通过迷笛音乐节的宣传效果，镇江的知名度显著提升，经济也得到了拉动。镇江政府通过迷笛音乐节获得的实际收入远高于上百万的投资，展示了迷笛音乐节在提升城市形象和经济效益方面的巨大潜力。

3. 张北音乐节

张北草原音乐节是由当地政府与《音乐时空》杂志社共同主办的音乐盛会，节期一般为3天。张北县位于河北省西北部，拥有秀美的自然风光和凉爽宜人的气候，是生态休闲旅游和夏秋避暑的理想胜地。优越的地理环境为张北音乐节的成功举办提供了得天独厚的条件。音乐节的活动形式多样，包含顶尖摇滚组合的演出、草原骑马以及欣赏传统草原比赛项目如摔跤、赛马和射箭等少数民族娱乐活动。

成功举办多年的张北音乐节，其规模和影响力在国内音乐节中位居前列，这与张北优越的地理位置和完善的基础设施密不可分。在住宿服务方面，张北具备较高的接待能力，音乐节期间全县宾馆共可提供9800余张床位。张北音乐节官方资料显示，草原音乐节会场位于县城东北方向约15公里处的张北草原度假村，周边有40余家极具特色的农家小院，可供2000多人住宿；周边11处景区内建有宾馆，可容纳1800人；城区有150余家宾馆，其中星级宾馆5家，可提供1000多张床位，其他中低档旅馆可容纳5000人；市区有140多家中高档宾馆，共可接待8800余人。此外，帐篷露营作为音乐节的重要吸引物，不仅提供野奢体验，还满足游客在住宿上的多样化需求。在交通方面，张北县区位优越，交通便捷。张北南距张家口市区45公里，高速直达约30分钟。宣化和怀来分别距张北75公里和125公里，均在2小时车程范围内。从北京出发至张北坝上约230公里，便捷的高速公路提高了张北音乐节的可进入性和交通承载能力。

表8-5 张北音乐节门票收入统计

时间	人数（万人）	单日票价（元/人）	总收入（万元）
2009.08.07-08.09	15	120	1800
2010.07.30-08.01	20	120	2400
2011.07.29-07.31	30	120	3600
2012.07.27-07.29	30	120	3600
2013.07.26-07.28	30	150	4500
2014.07.18-07.20	30	180	5400
2015.07.24-07.26	35	240	8400
2016.07.29-07.31	35	240	8400
2017.07.28-07.30	35	300	10500
2018.08.05-08.06	—	280	—
2019.07.26-07.28 2019.08.09-08.11		300	

资料来源：根据官网资料整理
注：2018年张北音乐节改为音乐季，共举办了3期，每期限5000人，现场不售票，网上实名售票。

张北音乐节致力于强化资源整合，完善音乐节产业链。从上表可见，音乐节的观众数量逐年持续上升。张北音乐节依托当地富有特色的生态资源和舞台基础设施，打造了一个音乐产业集聚区——草原音乐小镇。集聚区通过规模效应和集聚效应产生更大的经济和社会效益。该集聚区内汇集了音乐制作、音乐教育培训、音乐录音等相关音乐产业门类。张北音乐节在此基础上，强化了音乐节产业链的向下游延伸与开发。例如，音乐节的版权、音乐视频直播权的销售以及音乐节衍生服务和产品的开发，如制作音乐节T恤、纪念品和音像制品等。这些举措不仅有效挖掘了潜在利润，还提高了张北文化产业的综合竞争力。通过整合当地成熟的资源，张北音乐节实现了资源的最大化利用，进一步推动了区域经济的发展，并巩固了其在国内音乐节市场中的领先地位。

张北音乐节同时也非常注重协同发展，带动当地旅游业。张北音乐节的成功举办，放大了节事的效益，并带动了张北县旅游业、服务业等相关产业链的协同发展。这张音乐文化名片使张北这个国家级贫困县迅速积攒起超高的人气，成为坝上的草原观光旅游胜地，吸引了成千上万的游客聚集于此。由于音乐节的夜间活动特点，大量游客在当地留宿，带动了住宿业的繁荣。巨大的客流量从需求端导向供给端，促进了供给侧结构性改革，使各种现有资源相互补充并不断升级，实现了音乐节与各个产业间的联动效应。张北草原包括中都和安固里两大草原。在音乐节举办期间，这里风景宜人，乐迷们可以在观看音乐演出的同时，在草原上骑马奔腾，欣赏摔跤表演，参与赛马和射箭等活动。张北音乐节通过音乐将当地文化融合进来，展现了草原上的激情与豪放，打造出了独特的城市文化名片。音乐节的成功不仅促进了张北县对外的文化交流活动，也提升了张北的城市形象。张北音乐节一直倡导绿色、健康的城市生活理念，这与张北得天独厚的自然气候条件和旅游优势相契合，同时宣传了张北的城市文化品格，对张北城市文化形象的塑造起到了积极的推动作用。

第九章 戏剧演艺：文化记忆的活态传承

一、戏剧节历史沿革

戏剧演艺作为一种独特的艺术形式，不仅是一种文化表达，更是文化记忆的活态传承。它通过生动的表演、丰富的剧情和深刻的主题，承载和传播着人类的历史、传统和价值观。戏剧节作为文化活动的重要组成部分，是文化记忆的活态传承，不仅仅是艺术表演，更是文化的载体和传递者。通过戏剧，历史得以重现，传统得以延续，民间记忆得以保存。在现代社会，如何利用新技术和新手段，使戏剧演艺更好地传承和发扬，是文化传承者和艺术家们需要不断探索和思考的问题。通过不断创新和努力，戏剧演艺必将在未来继续发挥独特的文化传承功能，为人类的文化记忆增添新的光彩。

国际上戏剧节的起源可以追溯到19世纪末和20世纪初，1896年，挪威的卑尔根戏剧节被认为是最早的现代戏剧节之一。此后，爱丁堡国际戏剧节（1947年）和阿维尼翁戏剧节（1947年）等戏剧节相继成立，成为国际戏剧节的先驱。20世纪后期，戏剧节在全球范围内呈现多元化和国际化趋势，各种类型的戏剧节如雨后春笋般涌现，涵盖了从经典戏剧到实验戏剧等广泛题材，亚洲、非洲和拉丁美洲等地的戏剧节也逐渐崛起，丰富了全球戏剧节的版图。进入 21 世纪，国外戏剧节更加注重互动性和体验感，利用新媒体和科技手段吸引年轻观众。21 世纪以来，中国戏剧节也进入了国际化和品牌化的发展阶段。北京国际青年戏剧节、乌镇戏剧节等具有国际影响力的戏剧节相继出现，吸引了众多国内外优秀剧团和艺术家参与。

二、国内外案例解析

1. 法国阿维尼翁艺术节 Festival d'Avignon

法国阿维尼翁艺术节由让·维拉尔（Jean Vilar）于 1947 年创办，是法国现存最古老的艺术节之一，同时也是当代表演艺术领域最重要的国际盛事之一。艺术节总监由管委会提名，并需获得阿维尼翁市市长以及法国文化与通信部部长的双重官方许可，自让·维拉尔以来的每位负责人都享有充分的自由选择剧目的权力。每年 7 月，艺术节在阿维尼翁城内的教皇宫及其周边的文化遗产中举行，分为官方的"IN（Festival d'Avignon）"和非官方的"OFF（Festival Off Avignon）"两部分。官方艺术节"IN（Festival d'Avignon）"主要在教皇宫的荣誉庭院及其他历史遗址举行，由主办方出资邀请，每年展示约 40 个剧目，进行约 300 场演出和超过 400 场各类活动，包括交流会、辩论、放映等，其中 80% 的剧目是全球或法国首演。围绕节目安排，还组织约 100 场交流会和辩论，包括与研究人员、哲学家、活动家和艺术家的对话、朗读会、电影放映和展览，使艺术节成为思想交流和发现的盛会。官方艺术节通过邀请国际剧团和艺术家，涵盖了戏剧、舞蹈、音乐和视觉艺术等多种形式，成为展示当代艺术创作的重要平台。阿维尼翁 Off 艺术节诞生于 1966 年，由众多剧团合办，超过 1000 个剧团参与，主要在阿维尼翁市内的戏剧学校、街道等百余个场地自主演出，并找到必要的资金支持。这个部分以其多样性和创新性而著称，为新兴和独立艺术家提供展示才华的平台。

每年七月，阿维尼翁都会变成一座戏剧之城。城内的建筑被改造成各种表演场地，迎接数以万计的戏剧爱好者。随着时间的推移，阿维尼翁艺术节的规模不断扩大，邀请了越来越多的国际剧团和艺术家参与，涵盖戏剧、舞蹈、音乐和视觉艺术等多种形式。阿维尼翁艺术节不仅是戏剧演出的展示平台，还包括朗读会、展览、电影放映和辩论等多种文化活动。参加节事的人们可以在这里演讲并分享他们作为观众的经历，促进艺术家与观众之间的互动，实现大众与国际创作的碰撞。阿维尼翁艺术节对文化和旅游宣传的影响力巨大，每年有超过600名来自法国及其他国家的记者参与报道，撰写超过2000篇文章。这一盛事不仅展示了当代艺术的多样性，还推动了国际文化交流。

阿维尼翁艺术节因其专业性而闻名，每年约12%的观众是节目策划者、导演、制片人及宣传和公共关系团队等专业人士，20%的观众因职业原因参观，如剧团成员和媒体工作者。艺术节及其高级演艺技术学院（Institut supérieur des techniques du spectacle）共同组织了"现场演出专业人士之家"，为专业人士提供辩论和交流的平台，拓展专业视角和研究方向。此外，艺术节与合作信贷基金会（Fondation Crédit Coopératif）建立了长期合作关系，为艺术节的可持续发展提供支持。艺术节还设立了一个包括15家中小企业和个人赞助者在内的合作企业圈，进一步促进了资源的共享和合作。

2019年官方数据显示，阿维尼翁艺术节的预算为1700万欧元，其中57%来自公共补贴，43%来自自有收入（如门票销售和赞助）。为了组织艺术节，全年有33名正式员工和750名临时工（包括技术人员、艺术家、接待员、行政人员等）参与工作，加上艺术团队，共创造了1700个就业岗位和近50000天的工作量（不包括正式员工）。为期三周的艺术节期间，共设置40个场地，举办60场演出（超过200次开幕演出），包括辩论、交流和放映在内的活动总数超过400场，总入场人数达155000人（包括付费和免费），平均出席率为95%。

为了让更多人欣赏到艺术节的精彩作品，组织方还安排了七月以外的巡演活动，使其作品在世界各地展出。2019年第72届艺术节后，已有36场演出在26个国家进行了958场巡回演出，覆盖210个城市（其中143个在法国，67个在国外）。

阿维尼翁艺术节不仅在法国具有重大影响力，还在全球范围内享有盛誉，成为许多戏剧爱好者和艺术家的向往之地。通过多样化的节目和广泛的国际参与，艺术节促进了艺术家与观众之间的互动，为全球观众带来了丰富的文化体验。1980年至2003年期间，艺术节注重现代化和专业化发展，吸引新一代创作者，并进一步扩展节目的多样性和国际化。1992年，艺术节专门推出了致力于西班牙裔美国人传统和音乐的节目，推动了艺术节的国际化进程。同时，随着国际影响力的持续扩大，艺术节还进一步邀请来自日本、韩国、中国台湾、印度和拉丁美洲等非欧洲文化的艺术家参与。1997年，艺术节向中欧和东欧国家开放，举办俄罗斯演出季，并创建了Theorem剧院和节事协会，旨在培养和推广来自这些国家的年轻艺术家。这一举措不仅丰富了艺术节的内容，也为更多年轻艺术家提供了展示才华的平台。

2. 英国爱丁堡国际艺术节

爱丁堡国际艺术节（Edinburgh International Festival, EIF）于1947年首次举办，旨在振兴战后欧洲的文化生活。艺术节每年8月在苏格兰首都爱丁堡举行，持续约三周，吸引了来自世界各地的艺术家和观众。该艺术节由鲁道夫·宾（Rudolf Bing）和一群对艺术充满热情的当地人发起，通过多种艺术表现形式促进文化交流与理解，为战后创伤中的欧洲提供了一个精神重建和文化交流的平台。

爱丁堡国际艺术节由爱丁堡国际艺术节协会（Edinburgh International Festival Society）主办。这个非营利组织负责策划和协调每年一度的艺术节活动，确保艺术节的顺利进行和高质量的节目安排。协会的主要职责包括邀请艺术家、策划节目、协调场地、筹集资金以及宣传推广，协会不仅保障艺术节的高标准，还不断推动其发展，吸引了越来越多的国际艺术家和观众参与。

爱丁堡国际艺术节涵盖多种艺术形式，包括音乐、戏剧、舞蹈、歌剧和视觉艺术等。每年，来自世界各地的著名艺术家和剧团齐聚一堂，表演场地遍布爱丁堡的众多剧院、音乐厅和露天场所。根据2019年爱丁堡国际艺术节年度报告，该年艺术节邀请了来自41个国家的约2800名艺术家参与演出，其中包括超过800名苏格兰或常驻苏格兰的艺术家。艺术节期间共举办了293场表演和155场活动，吸引了434507名观众，其中53%为本地游客。令人瞩目的是，55%的观众是首次参加国际艺术节的游客，而再访问率达到了45%。根据报告中的观众满意度结果，93%的观众对2019年的国际艺术节感到满意或非常满意。

与此同时，艺术节还深化了与爱丁堡各地儿童、青少年和社区的合作，共开展了30个项目，吸引了超过15000名参与者，比2018年增长了25%。在艺术节为期三周的活动中，超过37%的门票价格不超过20英镑，并分发了约2万张免费门票，确保更多人能够享受这一艺术盛宴。爱丁堡国际艺术节不仅展示了世界级的艺术作品，还通过各种活动促进了文化交流和社区参与，成为一个真正的全球艺术庆典。通过展示和制作来自世界各地的艺术活动，爱丁堡国际艺术节促进了国际交流与合作。每年8月的三周期间，EIF都会邀请来自舞蹈、歌剧、音乐和戏剧界的优秀表演者和团体参与艺术节。通过多样化的节目和广泛的国际参与，艺术节促进了艺术家与观众之间的互动，为全球观众带来了丰富的文化体验。

2019年，爱丁堡国际艺术节和该中心直接雇用了400多名员工，包括固定工、合同工和季节工。此外，为了更好地提供活动，艺术节合作的场所还在整个夏季创造了数百个季节性的工作机会。在收入方面，2019年的收入来源多样，门票收入占26%，来自苏格兰政府、爱丁堡市政府及其他公共机构的资金收入占43%，包括公司、个人捐赠、信托基金、基金会和国际合作伙伴的筹款占29%。

3. 澳大利亚阿德莱德艺穗节

阿德莱德艺穗节（Adelaide Fringe Festival）是澳大利亚最大的艺术节之一，旨在欢迎来自世界各地的文化和艺术家。该节日通常于每年2月底至3月初在阿德莱德举行，持续四周，主要活动场所在阿德莱德东区的极乐花园（Garden of Unearthly Delights）。节庆期间，汇聚了来自世界各地的6000多名独立艺术家，举办超过1200场活动，涵盖户外剧场、艺术展览、街头表演、舞蹈演出、酒吧歌舞、电影放映和现场音乐等，遍布阿德莱德的各个场所，包括旧溜冰场、废弃工厂和废弃剧院。

1960年，劳埃德·仲马爵士（Sir Lloyd Dumas）与阿德莱德大学教授约翰·毕晓普（John Bishop）以爱丁堡国际艺术节（Edinburgh International Festival）为雏形构思创立了阿德莱德艺穗节。这一活动最初是当地艺术家举办的官方和非官方活动的松散集合，作为阿德莱德艺术节（Adelaide Festival of Arts）的附属活动。1975年，艺穗节成立了独立的法人机构。阿德莱德艺穗节每两年举办一次（与艺术节同时举办），直到2007年，由于其规模和受欢迎程度不断增长，艺穗节获得了南澳大利亚州50万澳元的资助，成为一年一度的活动。2007年，艺穗节通过其FringeTIX售票系统售出了13万张门票，另外还有1万张门票由国家票务合作伙伴销售。这一变化标志着艺穗节的发展进入了一个新的阶段，进一步巩固了其作为重要艺术盛会的地位。

每年举办阿德莱德艺穗节耗资约3500万澳元，其中13%由州政府提供，其余收入来自合作、票务、注册费和其他商业活动，以及阿德莱德艺穗节的慈善部门Arts Unlimited。2300万澳元的门票收入中，有95%直接支付给了艺术家和场馆。阿德莱德艺穗节的受欢迎程度导致门票销量逐年大幅增长，成为寻求文化体验游客的必去目的地。2012年，艺穗节CEO格雷格·克拉克（Greg Clarke）不仅在阿德莱德启动了该活动，还在悉尼歌剧院和墨尔本联邦广场举办了活动。此次活动共有4000多名艺术家参与，在300个场地举办了923场活动，售出了36.7万张门票，门票销售额约为900万澳元。2016年4月，南澳大利亚州州政府宣布"阿德莱德制造"计划，设立"爱丁堡奖"，为希望在爱丁堡艺穗节巡回展出作品的阿德莱德本地艺穗节提供总计5.5万澳元的资金支持，以帮助建立这两个节日之间的联系。同年8月，阿德莱德艺穗节开始与爱丁堡艺穗节建立正式合作关系。2020年，艺穗节迎来60周年，邀请了6724名艺术家，举办了1203场演出。新冠疫情（COVID-19）期间，为了支持艺术行业，艺穗节推出了数字化节日和在线平台 FringeVIEW。

2023 年的艺穗节成为澳大利亚首个售出百万张门票的艺术节，相当于每两名南澳大利亚人中就有一人参加过艺穗节。巩固了其作为世界领先艺术节之一的地位，吸引了 4.5 万名游客，创造了近 1 万个就业岗位，为南澳大利亚州带来了 1.055 亿澳元的支出，比 2022 年增长了 40%。这一成就不仅彰显了艺穗节在当地的影响力，也巩固了其作为全球顶级艺术节之一的地位。

4. 英国伦敦西区戏剧节

西区剧院（West End theatre）是指由伦敦剧院协会（The Society of London Theatre）管理的大型剧院，位于英国伦敦西区及其附近，是上演主流专业剧场作品的重要艺术场地。该地区拥有英国近一半的剧院，与纽约百老汇（Broadway）齐名，被认为是世界两大戏剧中心之一，也是英语世界中最高水平的商业剧院代表，观赏西区剧院的演出已成为伦敦最热门的旅游活动之一。2002 年，西区剧院的全年观众人数首次突破 1200 万人次。2018 年，观众入座率首次突破 1550 万，票房收入超过 7.65 亿英镑。

伦敦西区戏剧节（London West End Live）由威斯敏斯特市议会（Westminster City Council）与伦敦剧院协会（Society of London Theatre）于 2005 年 6 月首次联合举办，旨在展示伦敦世界级音乐剧的品质和多样性。作为全球最大的免费戏剧活动，该节日通常于六月的一个周末在伦敦特拉法加广场（Trafalgar Square）举行。自创办以来，西区戏剧节从最初为期一天的活动发展成为整个周末的娱乐盛会，涵盖巡回演出、舞蹈表演、音乐会、魔术表演和主要的音乐剧，每年吸引超过 40 万人前来特拉法加广场观看这场音乐盛宴。主办方通过伦敦地铁站、公共汽车、全国媒体和微型网站等各种渠道进行宣传活动。

2014 年 6 月，为庆祝西区戏剧节十周年，举办了一场特别的歌舞表演"10 from 10"，由伦敦剧院最受欢迎的演员演唱西区戏剧节过去十年最受欢迎的节目中的十首标志性歌曲。同时，英国皇家歌剧院合唱团也首次登台西区现场演出，通过表演一系列广受欢迎的经典歌剧，为当天的庆祝活动画上圆满句号。该次活动吸引了超过50万名观众，其中46%的游客表示他们当天的个人消费增加了。2019年的西区戏剧节共有约700名表演者参与，50场戏剧演出，两天内吸引了超过50万人参加。活动前的4周内，微型网站收到了7.18万名独立访问者。同期，数字营销活动的覆盖人数达到242.6万人。2023年6月17日至18日，西区戏剧节举办了48场伦敦顶级演出，超过500名表演者进行了11个小时的表演，吸引了接近7万人前来参观。为增加活动的可达性，主办方在该年的活动中首次设置了BLS口译员，以确保每个人都能享受演出。伦敦剧院官方YouTube频道上发布的演出视频在周末累计观看次数达65.7万次。

5. 埃德蒙顿国际边缘戏剧节

埃德蒙顿国际边缘戏剧节（Edmonton International Fringe Theatre Festival）创立于1982年，由Chinook剧院的艺术总监布莱恩·佩斯利（Brian Paisley）创办，灵感来源于苏格兰的爱丁堡边缘艺穗节（Edinburgh Fringe Festival）。该活动每年8月在加拿大艾伯塔省埃德蒙顿举行。首届戏剧节在五个剧院场地进行，共有200场现场表演。经过多年的发展，埃德蒙顿国际边缘戏剧节已成为北美规模最大和最古老的边缘艺穗节。

戏剧节由边缘剧院（Fringe Theatre Adventures，简称FTA）主办。在戏剧节期间，来自世界各地的艺术家和观众都会聚集在埃德蒙顿，参加这一为期11天的盛会。2023年，戏剧节在36个场馆举办了超过185场室内剧场表演和20多个户外艺术家表演，涵盖各种戏剧形式。该年戏剧节吸引了55万名观众，为当地带来了1600万美元的经济效益。除了各种形式的戏剧表演，街头艺术家还进行杂耍、魔术和音乐表演等，夜间设有现场音乐表演，多个美食摊位、临时酒吧和纪念品摊位开放至午夜12点，为观众提供多样化的美食、饮品和周边产品选择。为了方便游客往返戏剧节的主要场所，戏剧节期间提供免费班车服务，班车服务时间为晚上8点至午夜12点，保障夜间出行的便利性。

戏剧节的一个独特之处在于其开放的参节方式，面向所有艺术家进行开放式抽签选取，仅收取相对较低的申请费。艺术家参加戏剧节时，主办方提供场地、一定场次的演出、两名技术人员、前台和售票服务以及营销支持。所有活动的票价均由艺术家自行决定，票价从 7 到 15 美元不等。作为加拿大艺穗节协会（Canadian Association of Fringe Festivals）的创始成员之一，埃德蒙顿国际边缘戏剧节根据协会的指导方针，将扣除 GST 和任何适用的国际税后的 100% 票价全部返还给艺术家。2023 年，戏剧节将 120 万美元的门票销售额直接返还给艺术家。边缘剧院（Fringe Theatre）则在票价基础上收取每张票最高 3 美元的服务费，以支持节事的基本运营。

第 43 届埃德蒙顿国际边缘戏剧节于 2024 年 8 月 15 日至 25 日重返老斯特拉斯科纳市中心。此次盛会将在 38 个场馆集中展示 216 部戏剧作品，吸引来自加拿大各地以及全球 11 个国家的 1600 多名艺术家参演。这一广受欢迎的戏剧节不仅展示了丰富多样的艺术表演，还为观众提供了与众不同的文化体验，进一步巩固了埃德蒙顿作为国际艺术之都的地位。

埃德蒙顿边缘戏剧节的成功不仅在于其对艺术家的接纳和回馈，还离不开每年约 1000 名志愿者的支持。目前为止，戏剧节已经与超过 180 名志愿者保持了 10 多年的合作关系。埃德蒙顿国际边缘戏剧节不仅是北美最重要的文化活动之一，还因其规模和影响力，与爱丁堡边缘艺穗节（Edinburgh Fringe Festival）和澳大利亚阿德莱德边缘戏剧节（Adelaide Fringe Festival）齐名。

6. 爱丁堡皇家军乐节

爱丁堡皇家军乐节（Edinburgh Royal Military Tattoo）又称爱丁堡皇家军操节，是每年夏天在苏格兰首府爱丁堡城堡前举办的军操和文化表演，旨在展示军队对爱丁堡的贡献。词语"军操"（tattoo）起源于 17 世纪，当时英军占领地区的鼓手每晚敲鼓，召回在城镇中的士兵，这一行为被称为"Doe den tap toe"（荷兰语：关掉龙头），或简称"tap toe"，意指让酒吧老板关掉酒桶龙头，停止供应啤酒，并让士兵归队过夜。

1950 年，乔治·马尔科姆（George Malcolm）中校创办首届爱丁堡皇家军乐节，包含 8 个表演项目，观众总数约 6000 人。该军乐节主要由英国皇家军乐队和英联邦国家军乐队组成，还包括其他国家受邀参与的军乐队。

早期的军乐节主要以苏格兰皇家军乐队的行进式铜管乐和鼓乐表演为主，略显单调。如今，经过不断打磨，军乐节的节目构思融入了多种元素，形成了包括军乐、风笛、歌舞、杂技、管弦乐和焰火等在内的多样化表演格局。时至今日，整个军乐节中最引人注目的仍然是英国皇家军乐队"归营"时的喇叭、大鼓和苏格兰风笛演奏，汇集了英国皇家军乐队特别是苏格兰皇家军乐团的精华节目。

节事助推城市品牌形象建设。虽然爱丁堡皇家军乐节是一个非营利性组织，但它对当地经济做出了巨大的贡献。例如，2011年的军乐节为当地带来了超过3400万英镑的总生产效益和大约800万英镑的直接收益。近年来，超过1000万英镑的收入捐赠给了慈善事业，其中包括帮助残疾人、失业者和无家可归的退伍军人。爱丁堡军乐节委托的第三方调查机构数据显示，全世界节事电视转播的广告收入估值达到了1500万英镑。70%的游客表示，他们来苏格兰旅游的主要目的是观看军乐队表演。爱丁堡皇家军乐节的成功举办，也推动了爱丁堡成为世界著名节事城市。

此外，爱丁堡皇家军乐节以文化遗产爱丁堡城堡为背景，通过夜间灯光和音响设备，营造出逼真的效果。借助独特的军乐素材，在众多节事中脱颖而出。通过邀请外国军乐队参与，成功吸引了全球的目光，提高了知名度。在制度上贯彻勤俭节约的精神，爱丁堡军乐节邀请的外国团队仅提供演出补贴，节事期间仅需重新设计灯光和搭建看台，灯光器材和铝合金看台等每年都可重复使用，这些措施大大缩减了节事举办的开支。

7. 俄罗斯红帆节

红帆节（俄语：Алые паруса）是俄罗斯圣彼得堡最具代表性的庆祝活动之一，属于每年夏季白夜节期间规模最大、最著名的公共活动。红帆节是为列宁格勒学校毕业生庆祝而设立的，起源于20世纪60年代末，其灵感来源于苏联作家亚历山大·格林（Alexander Grin）的同名小说《红帆》。这一庆祝活动由圣彼得堡市政府和当地教育机构联合主办，并得到了广泛的社会支持。

红帆节的首次庆祝活动于1968年6月27日举行。这一天，列宁格勒的学生们首次在涅瓦河上看到一艘挂着猩红色帆的双桅帆船，自此，这艘船就成为节事的象征。这一庆祝学生进入成年生活的传统在1979年中断，但在圣彼得堡市政府、"俄罗斯"股份银行和第五频道的倡议下，于2005年6月24日得以恢复。从那时起，这一活动的规模不断扩大，逐渐发展成为具有国际影响力的文化盛事。

红帆节通常在每年6月下旬举行，活动包括音乐会、烟火表演、灯光秀和壮观的红帆船巡游。每年，这一盛大的庆祝活动都会吸引数十万观众前来圣彼得堡市中心观看，并通过第五频道的现场直播吸引了数百万观众。官方数据显示，2019年6月23日，超过140万人聚集在圣彼得堡涅瓦河畔，观看为庆祝该市高中生毕业而举行的红帆节。除了吸引众多现场观众外，红帆节还带来了巨大的线上浏览效果。2018年红帆节的直播关注度相比2017年显著增加，2017年的直播总观众（包括电视直播、官方网站和社交媒体）为593.9万人，而2018年达到了832.5万人，观众增长了40%。

红帆节主办方通过组织一系列活动，旨在为毕业生们创造一个难忘的庆祝体验，同时也向外界展示圣彼得堡丰富的文化和历史遗产。活动期间，市政府投入大量资源确保活动的顺利进行，包括安全保障、交通管理和现场组织等。此外，还有众多企业和赞助商的参与支持，使得红帆节不仅成为一项市级活动，也逐渐发展成为具有国际影响力的文化盛事。

8. 百老汇周（Broadway Week）和火花剧场节（Spark Theatre Festival）

百老汇剧院（Broadway Theatre）简称"百老汇"，是指位于纽约市曼哈顿中城百老汇沿线剧院区和林肯中心的41个专业剧院，每个剧院有500个或更多座位。曼哈顿的百老汇被认为是美国商业戏剧业的中心，此外还有"外百老汇"（off-Broadway，座位数在100到499之间）和"外外百老汇"（off-off-Broadway，座位数少于100），与伦敦的西区剧院共同代表了英语现场戏剧的最高商业水平。据百老汇联盟（The Broadway League）统计，2018年百老汇演出总观众人数约为1477万人，总收入接近18.3亿美元，上座率增长9.5%，总收入增长10.3%，演出周增长 9.3%。

纽约百老汇周（NYC Broadway Week）由纽约市旅游和会议局于 2011 年推出，为观众提供门票买一送一的优惠，旨在鼓励人们在观众人数最少的时期增加戏剧观看次数。百老汇周每年举办两次，分别在冬季（2 月初）和秋季（9 月初），优惠活动会在促销前一个月公布并开始销售。该活动与百老汇联盟、美国运通、美国铁路公司等合作伙伴通力协作，通过公交车站、街杆横幅、出租车视频以及印刷和数字广告等方式进行推广。自 2011 年冬季首次推出以来，截至 2023 年，纽约百老汇周已售出 200 多万张门票，为百老汇带来了超过 1.5 亿美元的收入。

新兴艺术家剧院（Emerging Artists Theatre）以新声音的孵化器而闻名，成立于 1993 年，旨在为剧作家和表演艺术家提供一个充满活力的家园。自成立以来，新兴艺术家剧院已经为 5000 多名艺术家提供了机会，在外百老汇和外外百老汇首演了 300 多部新作品。纽约火花剧场节（原名纽约系列-New York Series）由新兴艺术家剧院于 2006 年举办，是一个一年两次（通常在 3 月和 9 月）为期三周的舞台新作品节，为各种戏剧艺术家提供重要资源和支持。所有演出都在熨斗区第 28 街剧院举行，不同领域的艺术家可以制作一场精心制作的"未完成作品"的演出，并听取观众的反馈。对于参与者来说，该活动没有提交费用，如果作品被选中，也没有参与的义务。自 2006 年成立以来，该系列中创作的众多音乐剧、戏剧、独奏表演和舞蹈作品已在爱丁堡艺穗节、纽约音乐节、外百老汇以及国内和国际制作中全面上演。2023 年 3 月 6 日至 26 日，新兴艺术家剧院为庆祝其剧院成立 30 周年，在纽约火花戏剧节上展示了 60 多部新作品，包括新音乐剧、35 部舞蹈作品、5 场独角戏以及 14 部短剧和长剧。

9. 奥地利布雷根茨艺术节

奥地利的布雷根茨艺术节（Bregenz Festival）始创于 1946 年。当时第二次世界大战刚结束，布雷根茨受到严重破坏，人口锐减，当地人希望通过举办艺术节来疗愈战争创伤，这一愿望促成了布雷根茨艺术节的诞生。然而，战后基础设施尚未完善，场地缺乏成为举办艺术节的现实问题。民众的渴望催生了水上舞台的构想，由此造就了布雷根茨艺术节的传奇。艺术节的水上演出场地（Seebühne）位于奥地利与德国、瑞士交界的博登湖上，距岸边25米，是目前欧洲最大的露天水上舞台，可容纳近7000名观众。舞台布置造型会随着主题每两年更换一次，演出时长一般约为2小时20分。现已成长为欧洲最著名的艺术品牌之一，以其巨大华丽且富有创意的舞台设计和高水平的歌剧演出闻名于世。高品质的歌剧演出和独特的舞台设计使布雷根茨艺术节备受观众追捧。舞台创造与自然风景的完美结合，展现了人类创造力与自然美景的碰撞，使得布雷根茨艺术节独一无二。

宣传推广也是艺术节成功的重要因素。虽然全职员工不到30人，但艺术节雇用了多达250多名员工的推广团队，体现了对宣传和媒体推广的重视。布雷根茨艺术节还设有会员管理系统，目前有超过1000名正式会员为艺术节提供资金和其他支持。节事运作经费的40%来自国家资助，35%来自州政府资助，通过市场运作，门票收入可收回总投入的70%。即使在天气不佳的情况下，艺术节每年也能维持八成票房，游客平均重游2—3次，总收入的95%给予参演者，5%返回政府。布雷根茨艺术节不仅为当地带来了巨大的经济效益，也对周边城镇甚至整个国家产生了影响。布雷根茨的中欧地理位置和便利的交通环境，使得许多游客将其与阿尔卑斯山附近的城镇和国家景区列入同一行程。

10. 乌镇戏剧节

乌镇戏剧节由陈向宏、黄磊、赖声川和孟京辉于2013年共同发起，历经十年的精心培育，已逐渐成为世界上最具影响力的戏剧节之一。活动通常于每年10月中下旬在乌镇隆重举办，除第一届外，戏剧节由特邀剧目、青年竞演、小镇对话、古镇嘉年华等单元组成。自2013年首届戏剧节以来，已成功举办十届，汇集了238部国内外精彩剧目，吸引超过1万人次报名青年竞演单元，举办了189场小镇对话和超过1万场嘉年华表演，吸引游客超过百万人次。每年戏剧节期间，前来乌镇的游客数量超过30万。

第一届乌镇戏剧节于2013年5月举办，为期11天。活动地点以乌镇大剧院为核心，涵盖西栅历史街区的多家剧院，上演了6台国际邀请大戏，举办了12部25场公演青年竞演、580场古镇嘉年华、12次小镇对话和3场顶尖欧丁戏剧工作坊。据统计，第一届戏剧节共吸引了17580名观众入场，18.3万名游客及当地居民参与其中。

2015年10月，第三届乌镇戏剧节被誉为当时中国当代剧坛最高规格的戏剧盛宴，邀请了世界八大国家级舞台艺术戏剧团体，囊括了来自法国、德国等12个国家和地区的20台顶尖剧目共73场演出。

从第一届到第十届，乌镇戏剧节不断拓展其内容，不仅局限于戏剧，还融入了集市、音乐、电影等多种艺术形式。2017年，第五届乌镇戏剧节首次增加了朗读会内容，成为戏剧节文本研究的一部分。在随后的几届中，白日朗读与子夜朗读昼夜轮转，丰富了戏剧节的文化内涵。2021年第八届戏剧节，戏剧集市板块被加入，将音乐、电影、潮玩、艺术装置和快闪等元素融入其中，成为连接重头戏和轻松文化体验的桥梁。

2023年11月第十届乌镇戏剧节，来自全球11个国家及地区的28部前沿作品共计87场演出在乌镇12个剧场与观众见面。戏剧节的举办为乌镇带来了巨大的声誉，推动了文旅产业的融合发展。中青旅年报数据显示，戏剧节举办十年来，乌镇的年营业收入最高达21.79亿元，年组织接待游客人次最高突破千万。通过丰富多彩的活动内容、国际化的剧目设置以及深入人心的文化内涵，乌镇戏剧节为中国戏剧的传承与发展注入了新的活力，同时也为中国文化在国际舞台上的辉煌展现做出了重要贡献。

第十章 狂欢巡游：以年轻的名义

狂欢节与夜间巡游不仅包括华丽的艺术表演、彩车和绚烂的烟火，更令人难忘的是那活力四射的参与者，他们本身就是一场视觉盛宴。在这个开放包容的狂欢节里，参与者无论肤色、贫富、性别与年龄，都怀揣着一颗年轻的心，追寻快乐并释放身心压力。世界上最著名的狂欢节非里约狂欢节莫属，这场全民的盛宴里，里约人身着盛装，以其乐观开放的性格，为狂欢节注入了极具感染力的文化氛围，使之成为南半球最盛大的节庆活动。此外，啤酒节也是狂欢节的一种重要形式。比如，慕尼黑啤酒节始终坚持展示浓郁的巴伐利亚风情，将自然与舞台表演巧妙结合，忠实于民俗文化的原真性，展现独特的民俗风采。访客们不仅能参与其中尽情享受，还能在欢乐的氛围中感受文化的熏陶。这正是狂欢节的魅力所在：制造欢乐，传递欢乐。

一、狂欢节历史沿革

狂欢节作为一种全球性的庆祝活动，其历史可追溯至古代。文艺复兴时期，狂欢节在欧洲许多国家成为盛大的民间节庆活动，尤其在意大利、法国和西班牙等地尤为盛行。威尼斯狂欢节（Carnival of Venice）在这个时期兴起,因其华丽的面具和盛装舞会而闻名于世。随着欧洲的殖民扩张,狂欢节的庆祝活动被带到了美洲、非洲和亚洲的许多地方。在这些地区,狂欢节融入了当地的文化和传统,形成了独特的庆祝方式。例如,巴西的里约狂欢节和特立尼达和多巴哥的狂欢节就融合了非洲和美洲的文化元素,发展出独具特色的狂欢文化。19世纪和20世纪初,狂欢节在世界各地进一步发展和普及。巴西的里约狂欢节从20世纪初开始逐渐成为世界最著名的狂欢节之一,以其盛大的桑巴游行和狂欢派对吸引了全球数百万游客。慕尼黑啤酒节(Oktoberfest)作为另一种形式的狂欢节,也在这个时期发展壮大,成为全球最大的啤酒节庆典。进入21世纪,狂欢节继续在全球范围内盛行,并呈现出更加多样化和国际化的特点。现代技术和社交媒体的普及,使得狂欢节的影响力和参与度进一步提升。无论是威尼斯狂欢节的华丽面具,还是新奥尔良狂欢节的爵士乐游行,抑或是里约狂欢节的激情桑巴,狂欢节已成为一种全球性的文化现象,吸引着各地的人们共同参与、庆祝和分享快乐。狂欢节的历史沿革反映了人类庆祝和表达快乐的普遍需求。无论是古代宗教节庆还是现代多元文化的融合,狂欢节都在不断演变和发展,成为全球各地人们喜爱的重要节庆活动。通过狂欢节,人们不仅能够释放压力、尽情娱乐,还能感受不同文化之间的交流与融合。

二、狂欢节案例解析

1. 巴西里约狂欢节

早在1908年,里约热内卢便开始举办狂欢节,截至2019年,已成功举办了111届。狂欢节通常在复活节前47天举行,日期多在2月中旬或下旬,夜间的庆祝活动持续数天。早期的里约狂欢节仅限于贵族的室内化妆舞会,规模较小,形式也相对简单。那时,狂欢节并没有固定场所,全市的主要街道都成为桑巴舞表演的舞台。

1983年,里约狂欢节迎来了一个重大变革,建立了一个可以容纳数万观众的桑巴舞赛场作为固定场所。桑巴舞大赛成为狂欢节的重要活动,赛场占地8.5万平方米,两侧是看台,中间是桑巴舞队伍行进的通道。全市共有14个桑巴舞学校，每个学校的参赛人数为3800至4000人，分为三个方队，方队之间有八辆彩车，各个彩车展示不同的主题和内容。狂欢节的举办需要大量的演出道具，如奇装异服、头饰和面具等以及各种造型独特的彩车。这些彩车在节前由设计师精心设计和制作，以呈现丰富多彩的内容。同时，狂欢节的火爆也促进了当地住宿、交通和安保设施的发展和提升。

政府的引导扶持和民众的广泛参与是里约狂欢节成功的基础。在狂欢节的成熟发展过程中，政府的支持不可或缺。政府通过提供政策支持、资金资助和基础设施，为活动的规范和规模壮大提供保障。例如，为了提升里约狂欢节作为巴西主要文化标志的地位，并避免临时搭建和拆除场地所造成的浪费及对城市交通的影响，里约市政府于1984年建成了一条700米长、可容纳6.5万名观众的"桑巴大道"。

各个桑巴学校在保持传统文化的基础上，与时俱进，所展演的节目反映了不同时期的社会问题，选取贴近生活的主题。里约狂欢节不仅是一个全民参与的文化活动，其间还有400多家民间团体组织群众走上大街小巷、沙滩和广场参加巡游和狂欢活动。当地市民既是狂欢节的主要参与者，也是狂欢节不可或缺的吸引力来源。这种广泛的参与和文化感染力，使得里约狂欢节成为南半球最盛大的节事活动。每年大约有40万来自世界各地的游客前来参与，感受这一文化盛宴的洗礼和熏陶。

里约狂欢节带来的不仅是文化和娱乐的盛宴，更是一个庞大的经济产业链。通过旅游业、演艺和文化产业、制造业和手工艺、服务业、媒体和广告业以及零售业等多个行业的联动，狂欢节极大地促进了地方经济的发展，带来了广泛的社会和经济效益。桑巴学校和表演团队是狂欢节的核心，提供了大量的表演节目。每个桑巴学校都雇用数千名表演者、设计师和工匠，参与到彩车制作、服装设计和表演排练中。这些活动不仅提供了大量的就业机会，还推动了创意产业和文化产业的发展。这一产业链的形成和发展，不仅提升了里约的国际知名度，也为当地居民带来了实实在在的经济利益。

2. 法国尼斯狂欢节

法国尼斯狂欢节是世界著名的狂欢节之一，自1884年首次举办以来，已有一百多年的历史。19世纪，尼斯狂欢节迎来了现代化的转型。1830年，尼斯市政府决定将狂欢节作为官方活动进行推广和组织，首次举办了盛大的花车巡游。这一决定标志着现代尼斯狂欢节的正式诞生。作为蔚蓝海岸地区古老而备受欢迎的大型活动，尼斯狂欢节每年吸引来自世界各地近120万名游客参与。

尼斯狂欢节以其丰富多样的活动内容而闻名，包括盛装艺术表演、一流的彩车、魅力十足的晚会以及摇滚和重金属音乐会等多种形式的活动。花车巡游是尼斯狂欢节的核心活动之一。每辆巨型花车约用2500—3000株花进行装点，每年有几十辆装饰华丽的花车沿着尼斯市中心的英格兰大道（Promenade des Anglais）缓慢行进。这些花车展示了不同的主题和创意，为观众带来视觉盛宴。

花战是尼斯狂欢节的一大亮点，始于1876年。表演者站在装饰花朵的花车上，向观众抛洒鲜花，形成花的"战斗"。这种独特的互动活动不仅展示了尼斯作为花之城的美丽，更表达了人们对春天和自然的喜爱。夜晚的灯光巡游和大型焰火表演也是狂欢节的另一大特色。在灯光巡游中，花车被灯光照亮，夜晚的英格兰大道变成了一个闪烁的舞台。焰火表演则在夜空中绽放，为节日增添绚丽的色彩。每年，尼斯狂欢节都会设定一个独特的主题，将小丑、马戏等元素融入其中，巧妙地将传统与时代相结合。这些主题不仅为活动增添了新鲜感和创意，也展示了尼斯狂欢节的包容性和开放性。尼斯狂欢节为市民和游客提供了丰富多彩的体验内容，也为艺术家们提供了一个发挥想象力的舞台。这个世界著名的狂欢节不仅是一场视觉和听觉的盛宴，更是一个展示和传承文化的舞台，吸引着来自全球的目光，成为法国乃至全球文化活动的重要标志。

民众的广泛参与和丰富多样的活动内容，是节事活动可持续发展的有效保障。法国尼斯狂欢节是世界上最盛大的狂欢节之一，其独特的氛围使之成为众多艺术家寻找创作灵感的圣地。毕加索、马奈、马蒂斯和雷诺阿等著名艺术家都曾在这里居住并从中受益。大众的积极参与和经典多元的内容成就了尼斯狂欢节独特的风格。秉承大众的需求，并通过专业性的管理，尼斯狂欢节形成了持续发展的主旋律。从世界上知名狂欢节的成功经验可以看出，居民和游客的参与是狂欢节获得持续发展的内在动力。在节事活动中，"节"只是一个载体，"大众参与"才是最重要的因素。只有通过激发大众的热情和积极性，确保活动内容的多元和创新，才能使节事活动焕发出持久的生命力，并在文化和经济上取得长足发展。

3. 美国新奥尔良狂欢节 Mardi Gras

新奥尔良狂欢节全称"马尔迪·格拉斯狂欢节"，是当地的传统节事。1837年，新奥尔良举行了第一次记录在册的 Mardi Gras 游行，这一时期的游行规模较小，参与者主要是当地居民，他们穿着奇装异服，骑马游行。1857年，Mardi Gras 的庆祝方式发生了重大变化，由一群商人组成的"喜庆骑士团"（Mystic Krewe of Comus）首次亮相，组织了更具规模和组织化的游行。这个组织的成立标志着 Mardi Gras 进入了一个新的阶段。之后，更多类似俱乐部的组织相继成立，这些组织每年都会精心筹备和组织盛大的游行和舞会。

20世纪，新奥尔良的 Mardi Gras 逐渐发展成为一个国际知名的节庆活动。每年二月或三月，来自世界各地的游客蜂拥而至，共同参与这一盛事。节日期间，华丽的游行、彩车、音乐、舞蹈和丰富多彩的服装表演，使得新奥尔良成为欢乐的海洋。每一场游行都表达了一个特定主题，并通过设计15—39辆彩车和各种面具来展示这些主题内容。其中最受欢迎的主题包括儿童故事、神话传说、娱乐和文学。狂欢节的传统颜色是紫色、绿色和金色，由这三种颜色塑造的塑料珠串是狂欢节不可或缺的饰品，并在花车游行的"抛物"环节备受欢迎。

目前，美国路易斯安那州的新奥尔良、法国尼斯和巴西里约热内卢是狂欢节最著名的三个城市，庆祝方式包括露天音乐表演、彩车游行和化妆舞会等。每年，新奥尔良狂欢节在持续两周的盛会中吸引数百万游客，为新奥尔良带来近5亿美元的经济效益。由于 Mardi Gras 游行不允许商业或企业赞助，因此所有活动都由俱乐部成员组织并支付全部费用。新奥尔良狂欢节的成功也带动了美国其他城市的效仿。目前，路易斯安那州首府巴吞鲁日、阿拉巴马州莫比尔、得克萨斯州盖尔维斯顿等十多座城市每年也组织 Mardi Gras 狂欢游行，但无论是规模还是知名度都无法与历史悠久的新奥尔良 Mardi Gras 节相媲美。大众的广泛参与是狂欢节成功的重要因素之一。新奥尔良近一半的本地居民参与整个狂欢节活动，成为节日的主角，他们的热情和投入极大地促进了节庆活动的成功举办。

4. 迪士尼狂欢节夜间游行

1955 年 6 月 16 日，洛杉矶迪士尼乐园成立，成为全球首个现代意义上的主题公园。乐园将动画片中的色彩、夸张和魔幻元素融入环境氛围和产品设计中，吸引了大量游客。迪士尼光影汇夜间巡游通过最新的光影技术，配合演艺人员与光影的舞动，展现了一场超乎想象的夜间视听娱乐盛宴。"迪士尼光影汇"是华特迪士尼乐园及度假区创作的全 LED 灯花车巡游，结合最先进的光影技术，由米奇的神奇光影笔点亮乐园的夜空。巡游中，迪士尼独特的故事讲述技巧、璀璨的服饰、原创音乐和精湛的舞蹈与游客互动，创造出令人难忘的体验。夜间巡游与"迪士尼黑色世界"和"迪士尼雪亮圣诞"相结合，构建出迪士尼独有的光影世界，让游客感受到乐园的神秘和浪漫的夜间景致。

夜间巡游通常在 19：45 到 20：30 进行，历时约 45 分钟。在花车巡游期间，熟悉的卡通形象配合动感的旋律轮番登场。巡游包括七组主题创意花车，配有 74 万颗 LED 灯，以光影展现不同的迪士尼故事。奇妙仙子领航，沿途撒下奇妙星粉，点亮乐园的奇妙夜晚。真实的童话环境是迪士尼品牌形象树立的根本。每位迪士尼员工都经过严格培训，扮演角色的演员必须随时保持"角色状态"，一言一行都不能偏离人物形象，这使得迪士尼在主题乐园中独树一帜。通过这种严谨的培训和精心的设计，迪士尼乐园不仅提供了一流的娱乐体验，还为游客创造了一个真实的童话世界，巩固了其在全球主题公园中的领先地位。

5. 德国慕尼黑啤酒节

德国慕尼黑啤酒节与英国伦敦啤酒节、美国丹佛啤酒节以及中国青岛啤酒节齐名，是世界上最具影响力的啤酒节之一。慕尼黑啤酒节起源于1810年10月，最初是为了庆祝巴伐利亚的路德维希王子和萨克森-希尔斯公主的婚礼而举办的一场盛大庆典。此后，十月啤酒节被作为巴伐利亚的民间传统节庆保留下来，每年九月下旬到十月上旬举行。自1880年起，市政府开始颁发在十月节上销售啤酒的许可，1881年第一家啤酒酿造商正式入驻十月节。节日期间，400余家摊位灯火通明，照亮整个夜空。为了容纳更多的游客，啤酒节加入了乐队演奏，啤酒商们将小型啤酒屋改建成大型啤酒帐篷。同时，越来越多的马戏团和游乐场经营者也加入进来，为啤酒节增添了更多的娱乐元素。这种丰富多彩的活动不仅吸引了大量的游客，也使慕尼黑啤酒节成为巴伐利亚乃至世界闻名的节日盛会。

慕尼黑啤酒节的核心是其14个主要啤酒帐篷，每个帐篷由不同的啤酒酿造商运营。每个帐篷都有独特的主题和装饰，能够容纳数千名游客，这些帐篷不仅提供各种类型的巴伐利亚啤酒，还供应传统的德式美食。啤酒节的开幕游行是节庆活动的重要组成部分，游行队伍包括身穿传统巴伐利亚服饰的表演者、马车、乐队和各种装饰华丽的花车，展示巴伐利亚的民间文化和传统，吸引了大量观众。开幕当天，慕尼黑市长会在一个大型帐篷内敲开第一个啤酒桶，正式宣布啤酒节开始。这一仪式象征着节日的正式开幕，标志着为期两周的狂欢的开始。啤酒女王选举是啤酒节的另一亮点，选出的啤酒女王将在接下来的啤酒节期间担任活动大使，参与各种庆祝和宣传活动。传统巴伐利亚音乐、美食和小吃、游乐设施、传统服饰以及文化遗产展示，共同构成了慕尼黑啤酒节丰富多彩的活动内容。

有效的文化表现形式增强了民俗文化的真实性和参与性。啤酒节的这种表现形式至关重要。游客可以自由进入，沉浸在狂欢的氛围中，多样的文化体验活动（如盛装游行）让他们流连忘返，从多感官激发并吸引游客的兴趣，从而增加他们的停留时间和当地收入。慕尼黑啤酒节始终坚持展现浓郁的巴伐利亚风情，自然展现与舞台表演相结合，确保民俗文化的真实性和参与性。人们在这里可以感受到独特的民俗文化内涵，完全参与并享受其中，制造欢乐并传递欢乐。慕尼黑啤酒节起源于人们自发性的庆祝活动，根植于民间，所体现的文化也最具地方特色。因此，这一节庆活动得以传承200多年并持续至今。只要游客身临其境，很难不被狂欢的氛围所感染和吸引。

6. 青岛国际啤酒节

青岛国际啤酒节始创于1991年，每年在青岛的黄金旅游季节（8月的第二个周末）开幕，节期16天。这一大型节庆活动融合了旅游、文化、体育和经贸，成为亚洲最大的啤酒盛会之一。每一届啤酒节都吸引来自多个国家和地区的啤酒厂家以及数百万游客前来参观。

政府的大力支持是青岛国际啤酒节成功的保证。青岛市和崂山区两级政府对每届啤酒节都高度重视，从组织领导体系上确保活动的成功。同时，青岛供电公司高度重视啤酒节文艺晚会的供电保障工作。啤酒节期间，青岛市的经济型酒店和星级酒店入住率几乎达到100%，甚至辐射到城阳区和即墨区，民宿也成为游客的热门选择之一。在交通方面，公交车和出租车在啤酒大棚区的停车场接送游客，并增加公交线路和临时停车区域，强化勤务岗位部署，设置平峰日、次高峰日和高峰日三个等级的交通管理措施。啤酒节嘉年华机动设备的150名服务人员都是经过严格筛选脱颖而出的当地高校学生，他们在开节前接受为期一周的培训，学习安全管理知识。这些措施都为啤酒节的顺利举办提供了坚实的保障。通过政府的支持、精心的组织和高效的管理，青岛国际啤酒节不仅成为展示青岛城市形象的重要平台，也极大地促进了当地的经济发展和文化交流。

青岛国际啤酒节包含丰富多彩的活动形式，包括开啤酒仪式、开闭幕式及文艺晚会、艺术巡游、饮酒娱乐大赛和经贸展览等。节日期间，青岛的大街小巷装点一新，全城沉浸在狂欢的氛围中。啤酒节占地近500亩，拥有近30项国际先进的大型娱乐设施，包括啤酒博物馆、精酿啤酒厂、星光大道、裸眼3D光影秀等。此外，还有多种多样的游乐设施，如旋转的士高和自控飞机等，为游客提供丰富的娱乐体验。在国际啤酒城内，酒香四溢，激情荡漾，每年都吸引超过20个世界知名啤酒厂商参展，吸引数百万海内外游客前来共饮欢庆。青岛国际啤酒节不仅展示了丰富的啤酒文化，还通过多样的活动和设施,为游客带来全方位的体验,成为一场举世瞩目的盛会。

表 10-1 青岛啤酒节往届基本信息

举办时间(年)	参与人数(百万人)	门票(白天,晚上)(元)
2012	3.96	10(10:00-15:00) 20(15:00-22:00)
2016	3.50	10(10:00-15:00) 20(15:00-22:00)
2018	6.2	10(10:00-15:00) 20(15:00-22:00)
2019	7.2	10(10:00-15:00) 20(15:00-22:00)
2020	1.22	免费
2021	2.07	免费
2022	1.42	免费

资料来源:官网资料收集整理

参考文献

[1]（先秦）周易·系辞下[M]. 北京：中华书局，2011.

[2]（汉）司马迁. 史记[M]. 北京：中华书局，2010.

[3]（汉）周公旦. 周礼[M]. 北京：中华书局，2016.

[4]（汉）桓谭. 新论[M]. 上海：上海人民出版社，1977.

[5]（汉）范晔. 后汉书：志一[M]. 北京：中华书局，1965.

[6]（唐）长孙无忌. 隋书经籍志[M]. 上海：商务印书馆. 1955.

[7]（唐）魏徵等. 隋书[M]. 北京：中华书局，1973.

[8]（宋）孟元老，王永宽（注译）. 东京梦华录[M]. 郑州：中州古籍出版社，2010.

[9]（宋）王溥. 唐会要[M]. 北京：中华书局，2017.

[10]（宋）吴自牧. 梦粱录[M]. 杭州：浙江人民出版社，1980.

[11]（宋）赞宁. 大宋僧史略校注[M]. 北京：中华书局，2015.

[12]（宋）李昉. 太平御览（全9册）（精）[M]. 上海：上海古籍出版社，2008.

[13]（宋）西湖老人繁胜录[M]. 北京：中国商业出版社，1982.

[14]（宋）范晔. 后汉书[M]. 北京：中华书局，2012.

[15]（宋）耐得翁. 都城纪胜 [M]. 杭州：浙江人民出版社，1983.

[16]（明）陶宗仪. 说郛 [M]. 北京：商务印书馆，1986.

[17]（明）万历杭州府志 [M]. 北京：中华书局，2005.

[18]（明）申時行等修. 明会典 [M]. 北京：中华书局，1989.

[19]（明）田汝成. 西湖游览志余 [M]. 上海：上海古籍出版社，2018.

[20]（清）曹雪芹. 红楼梦 [M]. 北京：人民文学出版社，2013.

[21]（清）张俊哲修. 祥符县志 [M]. 天津：天津古籍出版社，1989.

[22]（清）徐松. 宋会要辑稿·食货 [M]. 上海：上海古籍出版社，2009.

[23] 戴斌. 夜间旅游正当时 [EB/OL]. 中国旅游研究院.

[24] 赵一静. 2019-2023 中国夜间经济发展报告 [EB/OL]

[25] 张佳仪. 2019 年夜间旅游市场数据报告 [EB/OL]. 中国旅游研究院

[26] 曹新向. 发展我国城市夜经济的意义条件与对策 [J]. 商业研究，2008（09）：207-211.

[27] 曹永萍，曹占伟. 创新发展夜间经济 打造首府文旅高地 [J]. 北方经济，2020（05）：62-65.

[28] 曹休宁，李冬平，林特. 产业集群与区域经济发展——对浏阳花炮的个案分析 [J]. 经济地理，2006，26（6）：5.

[29] 陈亮，余千，张涛，李进生. 非物质文化遗产视角的浏阳花炮产业化模式初探 [J]. 广义虚拟经济研究，2016，7（04）：74-80.

[30] 陈明辉. 南京秦淮灯会的现代特征与民俗意义 [J]. 民艺，2018（04）：125-129.

[31] 陈尚君. 全唐诗补编 [M]. 北京：中华书局，1992.

[32] 陈长华. 中国大陆户外音乐节发展现状研究 [D]. 山东大学，2013.

[33] 陈旭. 节事旅游的符号学研究 [D]. 山东大学，2009.

[34] 程东东. 旅游节事与城市旅游发展的互动研究 [D]. 河南大学，2010.

[35] 戴斌，张扬. 旅游消费论 [M]. 北京：商务印书馆，2022.

[36] 戴斌，赵一静. 释放夜间旅游新需求，培育都市旅游新动力 [J]. 旅游内参，2018（02）.

[37] 赵一静. 夜间旅游学术研究报告 [R]. 中国旅游研究院, 2019.

[38] 戴斌. 文旅融合时代：大数据，商业化与美好生活 [J]. 人民论坛 - 学术前沿，2019：6-15.

[39] 戴光全. 西方事件及事件旅游研究的概念、内容、方法与启发（上）[J]. 旅游学刊，2003（05）：26-34.

[40] 邓军. 实践传承：自贡彩灯生产性保护研究 [D]. 西南大学，2013.

[41] 邓勇勇，郭文. 国内夜间旅游产品研究概述 [J]. 广东农业科学，2011，38（20）：150-152.

[42] 高锦水. 旅游体验视角下厦门旅游演艺发展研究 [D]. 华侨大学，2016.

[43] 管鹏飞，鹿琳，仇惠栋. 南京上灯，点亮"我们的节日" [N]. 新华日报. 2019-01-29

[44] 郭同欢. 大宋上元灯节、国际灯笼节均因新冠肺炎疫情"泡汤" 开封花灯展会否重新按下"启动键" [J]. 2020.

[45] 韩国文化遗产厅. 2019 地区文化遗产活用事业 290 线 [J]. 2019. 05. 21：280.

[46] 胡美香. 湖北发展创意产业战略研究 [J]. 湖北社会科学，2011（01）：63-67.

[47] 洪正秀. 关于节庆与活动给城市更新带来影响的研究 [D]. 培材大学，2020.

[48] 黄洋，廖一洁. 国内博物馆夜间开放的实践、问题及思考 [J]. 东南文化，2017（01）：121-126.

[49] 贾玉英. 特别路区——宋代开封府界制度考 [J]. 中国史研究，2009（01）：99-114.

[50] 姜茜. 从青岛国际啤酒节看体验营销 [D]. 厦门大学，2009.

[51] 蒋婷婷. 重大事件与区域旅游合作的互动 [D]. 华东师范大学，2007.

[52] 康国萍. 论自贡灯会在自贡城市发展中的作用 [J]. 文科爱好者：教育教学版，2010（4）：2.

[53] 康弘. 宋都夜市述略 [J]. 中州学刊, 1992（02）: 127-128+126.

[54] 李红宁. "文化+"让大宋上元灯会辉煌再现 [N]. 开封日报, 2016-01-22（004）.

[55] 李怀亮, 葛欣航. 美国文化全球扩张和渗透背景下的百老汇 [J]. 红旗文稿, 2016（13）: 34-37.

[56] 李经龙, 张小林, 马海波. 夜生活与夜经济: 一个不容忽视的生产力 [J]. 生产力研究, 2008（01）: 60-61+157.

[57] 李姝, 李茂华. 媒介文化视域下的中国旅游演艺——基于演艺产品质量视角 [J]. 宜宾学院学报, 2019, 19（04）: 117-124.

[58] 李树政. 张籍王建诗选 [M]. 广州: 广东人民出版社, 1984: 195.

[59] 李霜, 夏佳慧. 国内迷笛音乐节的发展运营模式及其优劣势分析 [J]. 传播与版权, 2017（11）: 77-79.

[60] 李小平. 一年观众逾5000万, 宋城文化航母是如何炼成的 [N]. 证券时报. 2018-04-18.

[61] 李欣. 中国夜旅游创新发展研究 [D]. 复旦大学, 2014.

[62] 李幼常. 国内旅游演艺研究 [D]. 四川师范大学, 2007.

[63] 李忠基等. 2003年富川luminarie的访客满足度和形象认知对再访问的影响研究 [J]. 酒店经营学研究, 2005, 14（2）: 1-20.

[64] 梁川. 彩灯扎制技艺活态传承研究——以"自贡灯会"非遗为例 [J]. 内蒙古大学艺术学院学报, 2016, 13（01）: 93-102.

[65] 梁冬平. 夹缝中的夜市 [D]. 广西民族大学, 2007.

[66] 林清清, 洪巧玲. 节庆的文化意蕴及价值启示——美国火人节案例 [J]. 旅游论坛, 2015, 8（01）: 24-30.

[67] 刘丹. 一场"人高于人"的技术狂欢2018年火人节（Burning Man）[J]. 照相机, 2018（12）: 40-45.

[68] 刘环宇. 旅游目的地民俗文化资源营销创新研究——以鄂尔多斯地区旅游演艺产品为例 [J]. 内蒙古科技与经济, 2016（01）: 31-33+53.

[69] 刘露思. 地区标志性事件的治理网络研究 [D]. 复旦大学, 2013.

[70] 刘庆蓉. 四川旅游营销问题研究 [D]. 西南交通大学，2004.

[71] 刘文. 张北草原上的摇滚乐 [D]. 河北师范大学，2014.

[72] 刘嫄，杨卫武. 我国旅游演艺的发展历程与环境 [J]. 旅游规划与设计，2013（03）：6-15.

[73] 罗昌智. 数字创意产业凸显优势 文化旅游融合开辟新局 [A]. 两岸创意经济研究报告（2018）[C]. 厦门理工学院文化产业与旅游学院，2018：27.

[74] 罗秋菊，卢仕智. 会展中心对城市房地产的触媒效应研究——以广州国际会展中心为例 [J]. 人文地理，2010，25（04）：45-49+146.

[75] 罗澍. 民俗类非物质文化遗产的知识产权保护模式探究——以火把节为例 [J]. 西南民族大学学报（人文社会科学版），2011，32（09）：100-104.

[76] 马扬眉. 青岛市节庆旅游营销策略研究 [D]. 中国海洋大学，2011.

[77] 马耀峰，张春晖，刘军胜，高杨，庞玮. 旅游耦合：可持续发展研究新路径 [J]. 旅游导刊，2018，2（03）：1-19.

[78] 梅原. 宋代的开封与城市制度 [J]. 鹰陵史学，1977.

[79] 孟文龙. 北宋东京城的夜市——以《东京梦华录》为中心的研究 [J]. 黑龙江史志，2014，000（9）：329-330.

[80] 南京博物院. 国际博物馆日"博物馆奇妙夜"活动点亮南博 [J]. 东南文化. 2019（03）.

[81] 倪根金. 汉代夜市考补 [J]. 学术研究，2000（09）：89-92.

[82] 聂鹏洁. 节事消费下的顾客体验与顾客满意的关系探究 [D]. 青岛理工大学，2013.

[83] 潘虹. 明清时期中国城市夜市研究 [M]. 2013.

[84] 潘雨晨，李广宏. 国内外旅游演艺研究综述 [J]. 山东农业大学学报（社会科学版），2018，20（03）：132-137.

[85] 濮波. 双城记——百老汇和伦敦西区生态一瞥 [J]. 戏剧文学，2013（04）：121-126.

[86] 清傅崇矩. 成都通览[M].成都：成都时代出版社，2006：131.

[87] 权计举. 论南京夫子庙秦淮灯会的传承与保护[J]. 中国民族博览，2016（06）：31-32.

[88] 仁川观光局. 仁川开港场文化遗产夜行评价报告书[R]. 仁川观光局，2019.

[89] 盛巧玲. 基于供给侧SWOT分析下的重庆城市夜间旅游提质升级研究[J]. 旅游纵览（下半月），2019（20）：96-97.

[90] 师守祥. 青岛国际啤酒节成功的启示[J]. 旅游学刊，2009，24（03）：9-10.

[91] 宋雪茜，赵陈. 夜间旅游：城市休闲旅游发展之路[J]. 天府论，2005（S1）：188-189.

[92] 苏州地方志·金阊区志[M]. 南京：东南大学出版社，2005：835.

[93] 孙乐. 仇惠栋. 秦淮灯会，现象级城市营销[N]. 新华日报. 2019-02-18.

[94] 孙一平. 草莓音乐节品牌运营模式探究[D]. 江西财经大学，2018.

[95] 石军，康珺. 浅谈盐文化促自贡灯会旅游发展[J]. 现代商业，2009（35）：181-182.

[96] 覃嘉懿. 泰国泰族水灯节初探[D]. 广西民族大学，2012.

[97] 谭园媛. 成都市夜市空间研究[D]. 西南交通大学，2019.

[98] 汤蓓华. 国内旅游演艺的发展环境分析[D]. 上海师范大学，2011.

[99] 万吉琼. 四川井盐文化遗产分布、分类及主要代表略考[J]. 四川理工学院学报（社会科学版），2017，32（01）：58-75.

[100] 王碧滢，张勃标点. 燕京岁时记[M]. 北京：北京出版社，2018.

[101] 王碧玉. 浏阳花炮产业的营销对策探讨[J]. 企业技术开发，2015，34（10）：14-17.

[102] 王刚. 以人为本提升天津城市经济活力的思考与对策[J]. 天津经济，2020（06）：26-32.

[103] 王艳丹. 传播仪式观中传统节日文化的传播——以俄罗斯红帆节为例[J]. 文化与传播，2013，2（02）：8-11.

[104] 魏娟. 国内户外音乐节的发展策略——以迷笛音乐节为例 [J]. 新闻世界, 2013（09）: 172-174.

[105] 文彤. 城市夜间旅游产品研究 [J]. 城市问题, 2007（08）: 42-45.

[106] 吴晓亮. 从城市生活变化看唐宋社会的消费变迁 [J]. 中国经济史研究, 2005（04）: 79-87.

[107] 伍艳玮, 李如友. 基于产业融合的江苏省旅游新业态竞争力提升路径研究 [J]. 经济研究导刊, 2018（32）: 176-178+190.

[108] 萧放. 当代中国的元宵灯会 [N]. 人民日报海外版, 2012-02-06.

[109] 徐世丕,《当代演艺业发展问题研究 2004 年文化市场发展报告》[R]: 理论研讨, 中国文化市场网.

[110] 徐薛艳. 上海旅游演艺发展研究 [D]. 上海师范大学, 2010.

[111] 言金星. 汉代夜市考 [J]. 江西社会科学, 1987（05）: 119-120.

[112] 杨涵. "一带一路"背景下我国文化企业"走出去"对策研究 [D]. 湖南大学, 2018.

[113] 杨琴. 四川民俗文化与民俗旅游开发研究 [D]. 重庆大学, 2007.

[114] 叶新才, 张瑞. 城市夜间旅游环境感知实证研究 [J]. 合作经济与科技, 2014（15）: 26-29.

[115] 由文婷. 长春市夜景观照明设计研究 [D]. 吉林艺术学院, 2012.

[116] 于博, 李安琪. 德国啤酒文化发展研究 [J]. 文化学刊, 2019（06）: 71-73.

[117] 于文文. 事件旅游的居民感知和态度研究 [D]. 中国海洋大学, 2009.

[118] 岳超, 荆延德. 中国夜间旅游研究综述 [J]. 旅游论坛, 2013, 6（04）: 71-76.

[119] 岳超. 基于多视角的曲阜夜间旅游开发研究 [D]. 曲阜师范大学, 2014.

[120] 张飞祥. 从泰国的宋干节和水灯节看泰国的水崇拜文化 [J]. 长春教育学院学报, 2013, 29（11）: 17+35.

[121] 张峰, 吴晓云. 跨国营销模式选择的权变影响 [J]. 南开管理评论.

2011（14（06））：95-108.

[122] 张金花，王茂华. 中国古代夜市研究综述 [J]. 河北大学学报，2013，38（05）：106-113.

[123] 张金花，吴敏. 城市"夜经济"概述 [J]. 学理论，2014（30）：95-96.

[124] 张金花. 中国古代社会的一种特殊经济形态——夜市经济 [A]，2012：2.

[125] 张军昌，张建林. 自贡彩灯公园规划设计探析 [J]. 南方农业，2013，7（03）：6-12.

[126] 张苗苗. 古城元夜时，花市灯如昼 [J]. 开封日报. 2021（003）.

[127] 张小可.《中国旅游演艺热的冷思考》[R]. 社科院旅游研究中心. 2018-08-29.

[128] 赵艳平. 关于内蒙古节庆开发的探索 [D]. 内蒙古大学，2014.

[129] 中国文化报.《博物馆奇妙夜：夜间"常态化"开放或可行》[N]. 2014.05.22.

[130] 中国演出行业协会.《2017-2018中国旅游演艺发展研究报告》[R]. 2018-10-11.

[131] 钟兴永. 东汉集市贸易略论 [J]. 益阳师专学报. 1996（02）：57-59.

[132] 周怀宇. 论隋唐淮河流域商业发展 [J]. 安徽大学学报（哲学社会科学版）. 2000，024（5）：111-117.

[133] 周娴. 艺术点亮城市——欧洲著名灯光节 [J]. 公共艺术. 2016，（02）：24-39.

[134] 朱凯. 南京市民夜游南京博物院"南博奇妙夜"热力引爆 [J]. 南京日报，2016.

[135] 朱立新. 中国当代的旅游演艺 [J]. 社科纵横，2010，25（04）：96-99.

[136] 朱彝尊. 明诗综 [M]. 上海：上海古籍出版社，1993.

[137] 邹晨新. M 夜市的繁荣与消亡：一群乡—城移民摊贩的城市经历 [D]. 南京大学，2014.

[138] 法国阿维尼翁艺术节：Festival d'Avignon Frequently Asked Questions 2019.

[139] 爱丁堡国际艺术节：Edinburgh International FestivalAnnual Review 2019.

[140] 埃德蒙顿国际边缘戏剧节：埃德蒙顿边缘剧院官方网站数据材料汇编 2023.

[141] 阿德莱德艺穗节官方网站数据材料汇编 2012-2023.

[142] 乌镇戏剧节：乌镇戏剧节官方网站数据材料汇编 2013-2023.

[143] 百老汇周：百老汇联盟 2018-2019 年度报告.

[144] 西区戏剧节：伦敦剧院协会官方网站数据材料汇编 2018、西区戏剧节官方网站数据材料汇编 2014.

[145] Altamura A. Dizionario dialettale napoletano[M]. Fausto Fiorentino, 1968.

[146] Beauregard R. Time, action, space[J]. Urban Geography, 2011, 32(4): 470-475.

[147] Berry J W. Acculturation as varieties of adaptation[J]. Acculturation: Theory, models and some new findings, 1980, 9: 25.

[148] BRENDAN KELLY, MONTREAL GAZETTE. Nuit Blanche 2019: a perfect party for Montreal[OL].

[149] Cohen, E. A phenomenology of tourist experiences[J]. Sociology.1979, 13(2): 179-201.

[150] Cox H. Das Fest der Narren[J]. Das Gelächter ist der Hoffnung letzte Waffe, 1970, 3.

[151] Douglas N, Derrett R. Special interest tourism[M]. John Wiley and Sons Australia, Ltd, 2001.

[152] Dumbrăveanu D, Tudoricu A, Crăciun A. The Night of Museums-a boost factor for the cultural dimension of tourism in Bucharest[J]. Human Geog-

raphies-Journal of Studies & Research in Human Geography, 2014, 8(1).

[153]Emily Thomas.Why We Set Off Fireworks On The Fourth Of July[OL].2014,09,06.

[154]Encarta. World English Dictionary (North American Edition)[M], Bloomsbury Publishing, London.2003.

[155]Evans G. Hold back the night: Nuit Blanche and all-night events in capital cities[J]. Current Issues in Tourism, 2012, 15(1-2): 35-49.

[156]Ferdinand, N., & Williams, N. L. International festivals as experience production systems[J]. Tourism Management.2013,34:202-210.

[157]Gates, C. 'Leading lights', The Press, April 29[M]. 2011. Retrieved o22 February 2013.

[158]Getz D, Getz D. Event management & event tourism[J]. 1997.

[159]Getz D. Event tourism: Definition, evolution, and research[J]. Tourism management, 2008, 29(3): 403-428.

[160]Getz D. Festivals, special events, and tourism[M]. Van Nostrand Reinhold, 1991.

[161]Getz, D. Festival Events and Tourism[M]. New York: VanNostrand Reinhold.1991.

[162]Giovanardi M, Lucarelli A, Decosta P L E. Co-performing tourism places: The "Pink Night" festival[J]. Annals of Tourism Research, 2014, 44: 102-115.

[163]GLA. London, a cultural audit. London: Author.2008.

[164]Goldblatt J J. Special events: the art and science of celebration[M]. Van Nostrand Reinhold, 1990.

[165]Jefferson A, Lickorish L. Marketing tourism: A practical guide[M]. Longman Group UK Limited, 1991.

[166]Jeong, G. H.The Secret of Night Type Festival[D]. Pai Shan Press. 2015.

[167]Kim, H. J., Do, J. S. & Kim, J. T. An analysis of bucheon luminarie as cul-

tural and regional festival[J]. Architectural Urban Research Information Center, 2005: 171-176.

[168]La Ronde .L'International des Feux Loto-Québec Unveils the 2018 Programme[OL]. 2018.04.12.

[169]Lee J S, Lee C K, Yoon Y. Investigating differences in antecedents to value between first-time and repeat festival-goers[J]. Journal of Travel & Tourism Marketing, 2009, 26(7): 688-702.

[170]Lee, J. S., Lee, C. K., & Yoon, Y. Investigating differences in antecedents to value between first time and repeat festival goers[J]. Journal of Travel & Tourism Marketing.2009,26(7): 688-702.

[171]Lee, Y. K. Impact of government policy and environment quality on visitor loyalty to Taiwan music festivals: Moderating effects of revisit reason and occupation type[J]. Tourism Management.2016, 53: 187-196.

[172]Manthiou, A., Lee, S., Tang, L., & Chiang, L.The experience economy approach to festival marketing: Vivid memory and attendee loyalty[J]. Journal of Services Marketing.2014,28(1): 22-35.

[173]Mehmetoglu, M., & Engen, M. Pine and Gilmore's concept of experience economy and its dimensions: An empirical examination in tourism[J]. Journal of Quality Assurance in Hospitality & Tourism.2011,12(4):237-255.

[174]Morgan, M. What makes a good festival? Understanding the event experience[J]. Event Management.2008, 12(2):81-93.

[175]Négrier, E., Agustí, L. B., & Guérin, M. Music festivals, a changing world[J].Michel de Maule. 2013: 321.

[176]Prentice R, Andersen V. Festival as creative destination[J]. Annals of tourism research, 2003, 30(1): 7-30.

[177]Rao V. Celebrations as social investments: Festival expenditures, unit price variation and social status in rural India[J]. Journal of Development Studies, 2001, 38(1): 71-97.

[178]Rivera, M. A., Semrad, K. J., & Croes, R. The internationalization benefits of a music festival: the case of the Curaçao North Sea Jazz Festival[J]. Tourism Economics.2016, 22(5):1087-1103.

[179]Rivera, M., Semrad, K., & Croes, R. The five E's in festival experience in the context of Gen Y: Evidence from a small island destination[J]. Revista Española de Investigación en Marketing ESIC.2015,19(2):95-106.

[180]Roberts M. From "creative city" to "no-go areas" –The expansion of the night-time economy in British town and city centres[J]. Cities, 2006, 23(5): 331-338.

[181]S O C. Poetics and politics of destination branding:Denmark Scandinavian[J]. Scandinavian Journal of Hospitality and Tourism. 2004(4（2）): 107-128.

[182]Saleh F, Ryan C. Jazz and knitwear: Factors that attract tourists to festivals[J]. Tourism management, 1993, 14(4): 289-297.

[183]Sydney New Year's Eve Unit 2014 - 2017 Inclusion (Disability) Action Plan[D/OL]. 2014,04.

[184]Weber K, Ali-Knight J. Events and festivals in Asia and the Middle East/ North Africa (MENA) region: Opportunities and challenges[J]. International Journal of Event and Festival Management, 2012, 3(1): 4-8.

[185]Wu H C, Ai C H. A study of festival switching intentions, festival satisfaction, festival image, festival affective impacts, and festival quality[J]. Tourism and Hospitality Research, 2016, 16(4): 359-384.

[186]Scarlet Sails recognized the best urban event in Europe, 2016.

[187]Wunenburger J J. La fête, le jeu et le sacré[J]. 1978.

[188]Yoon, Y. S., Lee, J. S., & Lee, C. K.Measuring festival quality and value affecting visitors' satisfaction and loyalty using a structural approach[J]. International Journal of Hospitality Management.2010,29(2):335-342.